Lettres à ma mère

Dans l'intimité des grands auteurs

Textes réunis et présentés par Agathe Hochberg

MANGO LITTÉRATURE

Dans la même collection :

Lettres à ma fille, Mango, 2006.
Lettres à mon amour, Mango, 2006.

Du même auteur

Ce crétin de prince charmant, Mango, 2003.
Mes amies, mes amours, mais encore ?, Mango, 2005.

En collaboration avec Samir Bouadi :

La Coupe du monde et autres footaises, Mango, 2006.

Sommaire

« C'est toujours dans les lettres d'un homme qu'il faut chercher, plus que dans tous ses autres ouvrages, l'empreinte de son cœur et la trace de sa vie. »

Victor Hugo

Avant-propos

On n'écrit pas à sa mère pour l'éblouir – d'ailleurs, que dire à cette femme qui nous connaît comme jamais nous ne nous connaîtrons ? Les masques tombent et avec eux disparaissent les artifices de style, les emphases lyriques et les phrases ajustées pour la postérité.

Mères discrètes ou envahissantes, dominatrices ou effacées, confiantes ou inquiètes, complices ou accusatrices… L'excès d'amour fait de certains fils des conquérants, d'autres des victimes d'une attente si lourde qu'elle les condamne à l'échec. Certains devront se détacher de l'amour maternel pour oser enfin être eux-mêmes, d'autres souffriront d'un manque qu'aucun autre amour ne saura combler.

Et puis il y a les mères à qui l'on n'a rien à reprocher, celles qui condamnent leurs fils à les chercher chez toutes les autres femmes, et leurs filles à tenter en vain de leur ressembler. Elles apaisent, consolent, caressent d'une main dont la douceur est le plus sûr bouclier contre les tourments du monde.

Leur simple image évoque le paradis perdu de l'enfance, inspire une nostalgie qui consume, et leur absence nous enseigne le goût du néant. « *Oui*, disait Albert Cohen, *les mots, ma patrie, les mots, ça console et ça venge. Mais ils ne me rendront pas ma mère.* »

Ce livre est pour toutes ces mères ; ce livre est pour la mienne.

Agathe Hochberg

Antoine de Saint-Exupéry

« C’est vous qui êtes le refuge, c’est vous qui savez tout, qui faites tout oublier et qu’on le veuille ou non, on se sent un tout petit garçon. »

Nostalgie

Antoine de Saint-Exupéry (1900-1944) est le troisième enfant du comte Jean-Marie de Saint-Exupéry et de Marie Boyer de Fonscolombe. En 1904, son père décède d'une crise cardiaque, et sa mère se retrouve seule pour élever ses cinq enfants. Anticonformiste, elle choisit de multiplier les séjours dans sa famille plutôt que de se fixer quelque part. Antoine gardera un souvenir ému du château de Saint-Maurice-de-Remens, tout près de l'aérodrome d'Ambérieu où il se rend régulièrement en vélo. Pendant la Grande Guerre, sa mère a fondé une infirmerie à la gare d'Ambérieu pour y soigner les blessés de retour du front. Antoine a été profondément marqué par ses valeurs : honnêteté, humanisme, et respect d'autrui, toutes origines confondues.

En 1922, Antoine de Saint-Exupéry réalise un vieux rêve : il est reçu pilote militaire. En tant que caporal, il fait alors des déplacements successifs d'Avord (Cher) au camp de Mailly (Aube), puis à Versailles. Il est nommé sous-lieutenant en octobre.

(Camp d'Avord, 1922)

Ma petite maman,

Je viens de relire votre lettre de l'autre jour, si pleine de tendresse. Ma petite maman, comme je voudrais être auprès de vous ! Si vous saviez comme chaque jour j'apprends un peu plus à vous aimer. Je n'ai pas écrit, ces derniers jours, mais nous avons tant de travail en ce moment !

Il fait bon et doux ce soir, mais je suis triste, je ne sais pas pourquoi. Ce stage d'Avord est si fatigant à la longue. J'ai grand besoin d'une cure de repos à Saint-Maurice * et de votre présence auprès de moi.

Que faites-vous, maman ? Peignez-vous ? Vous ne m'avez rien dit de votre exposition ni rien non plus de l'appréciation de Lépine.

Écrivez-moi. Vos lettres me font du bien, c'est de la fraîcheur qui m'arrive. Ma petite maman, comment faites-vous pour trouver les choses si délicieuses que vous dites ? On en reste ému toute la journée.

J'ai autant besoin de vous que lorsque j'étais tout petit. Les adjudants, la discipline militaire, les cours de tactique, que de choses sèches et revêches. Je vous imagine arrangeant des fleurs dans le salon et je les prends en haine, les adjudants.

Demain en avion je vais faire au moins cinquante kilomètres dans la direction de chez vous pour m'imaginer que j'y vais.

---

* Le château de Saint-Maurice-de-Remens, propriété de l'une de ses tantes où il passa une partie de son enfance.

Comment ai-je pu vous faire pleurer quelquefois ? Quand j'y pense je suis si malheureux. Je vous ai fait douter de ma tendresse. Et pourtant si vous la saviez, maman.

Vous êtes ce qu'il y a de meilleur dans ma vie. J'ai ce soir le mal du pays comme un gosse ! Dire que là-bas vous marchez et parlez et que nous pourrions être ensemble, et que je ne profite pas de votre tendresse et que je ne suis pas non plus pour vous un appui.

C'est vrai que je suis triste à pleurer ce soir. C'est vrai que vous êtes la seule consolation quand on est triste. Quand j'étais gosse je revenais avec mon gros cartable sur le dos, en sanglotant d'avoir été puni, vous vous rappelez au Mans – et rien qu'en embrassant vous faisiez tout oublier. Vous étiez un appui tout-puissant contre les surveillants et les pères préfets. On se sentait en sécurité dans votre maison, on n'était rien qu'à vous, c'était bon.

Eh bien, maintenant c'est la même chose, c'est vous qui êtes le refuge, c'est vous qui savez tout, qui faites tout oublier et qu'on le veuille ou non, on se sent un tout petit garçon.

Maman, je vous quitte. J'ai du travail par-dessus la tête. Je vais respirer une dernière brise d'air par la fenêtre. Il y a des crapauds qui chantent comme à Saint-Maurice, mais comme ils chantent moins bien !

Je vous embrasse si tendrement.

Votre grand cher fils,

Antoine

En 1927, Saint-Exupéry est nommé chef d'escale de Cap Juby, dans le sud marocain. L'année suivante, il est chargé d'aller sauver les pilotes tombés en panne dans le désert ou aux mains des Maures. Il passe ses nuits à écrire Courrier Sud, *qui sera publié en 1929. En octobre, il part pour l'Amérique du Sud afin d'y étudier la possibilité de créer de nouvelles lignes aériennes. Arrivé à Buenos Aires, il est nommé Directeur de l'Aeropostal Argentina. Il commence à écrire* Vol de nuit, *et en adresse aussitôt les premiers extraits à sa mère.*

Buenos Aires (janvier 1930)

Ma petite maman,

Je suis en train de lire *Poussière**, je pense que nous aimons tous ça, comme *La Nymphe au cœur fidèle*** parce que nous nous reconnaissons. Nous aussi, nous formons une tribu. Et ce monde de souvenirs d'enfants de notre langage et des jeux que nous inventions me semblera toujours désespérément plus vrai que l'autre.

Je ne sais pourquoi je pense ce soir au vestibule froid de Saint-Maurice. On s'asseyait sur les coffres ou dans les fauteuils de cuir, après le dîner, en attendant l'heure d'aller se coucher. Et les oncles marchaient de long en large dans le corridor. C'était mal éclairé, on entendait des bribes de phrases, c'était mystérieux.

---

* De Rosamond Lehmann.
** De Margaret Kennedy.

C'était mystérieux comme le fond de l'Afrique. Puis le bridge s'organisait dans le salon, les mystères du bridge. Nous allions nous coucher.

Au Mans, quand nous étions couchés, quelquefois vous chantiez en bas. Ça nous arrivait comme les échos d'une fête immense. Ça me semblait ainsi. La chose la plus « bonne », la plus paisible, la plus amie que j'aie jamais connue, c'est le petit poêle de la chambre d'en haut à Saint-Maurice. Jamais rien ne m'a autant rassuré sur l'existence. Quand je me réveillais la nuit, il ronflait comme une toupie et fabriquait au mur de bonnes ombres. Je ne sais pourquoi je pensais à un caniche fidèle. Ce petit poêle nous protégeait de tout. Quelquefois, vous montiez, vous ouvriez la porte et vous nous trouviez bien entourés d'une bonne chaleur. Vous l'écoutiez ronfler à toute vitesse et vous redescendiez.

Je n'ai jamais eu d'ami pareil.

Ce qui m'a appris l'immensité, ce n'est pas la voie lactée, ni l'aviation, ni la mer, mais le second lit de votre chambre. C'était une chance merveilleuse d'être malade. On avait envie de l'être chacun à son tour. C'était un océan sans limite auquel la grippe donnait droit. Il y avait aussi une cheminée vivante.

Ce qui m'a appris l'éternité, c'est mademoiselle Marguerite *.

Je ne suis pas bien sûr d'avoir vécu depuis l'enfance.

Maintenant j'écris un livre sur le vol de nuit. Mais dans son sens ultime c'est un livre sur la nuit. (Je n'ai jamais vécu qu'après neuf heures du soir.)

Voilà le début, c'est les premiers souvenirs sur la nuit :

---

* Sa gouvernante.

« Nous rêvions dans le vestibule quand tombait la nuit. Nous guettions le passage des lampes : on les portait comme une charge de fleurs et chacune remuait au mur des ombres belles comme des palmes. Puis le mirage tournait, puis on enfermait au salon ce bouquet de lumière et de palmes sombres.

« Alors le jour était fini pour nous et, dans nos lits d'enfants, on nous embarquait vers un autre jour.

« Ma mère, vous vous penchiez sur nous, sur ce départ d'anges et pour que le voyage soit paisible, pour que rien n'agitât nos rêves, vous effaciez du drap ce pli, cette ombre, cette houle…

« Car on apaise un lit comme d'un doigt divin la mer. »

Ensuite ce sont des traversées de la nuit moins protégées, l'avion.

Vous ne pouvez pas bien savoir cette immense gratitude que j'ai pour vous, ni quelle maison de gratitude vous m'avez faite. J'ai l'air, comme ça, de ne rien sentir. Je pense que simplement je me défends terriblement.

J'écris peu, ce n'est pas ma faute. J'ai la bouche cousue la moitié du temps. Ç'a toujours été plus fort que moi.

Je viens de faire un bien beau raid de 2 500 kilomètres dans la journée. C'est en revenant de l'extrême-sud où le soleil se couche à dix heures du soir, près du détroit de Magellan. C'est tout vert : des villes sur des pelouses. D'étranges petites villes en tôle ondulée. Et des gens qui, à force d'avoir froid et de se rassembler autour des feux, sont devenus si sympathiques.

Le soleil déteignait dans la mer. C'était adorable.

Ce mois-ci, je vous envoie 3 000 francs. Je pense que ça ira. Vous les aurez vers le 10 ou le 15 […] Je vous ai envoyé 10 000 francs en tout (ça fera 13 000). Mais je ne sais pas du tout si vous avez reçu, et si ça vous a fait plaisir. J'aurais bien aimé savoir.

Je vous embrasse si tendrement,

Antoine

(Buenos Aires, 1930)

Ma petite maman,

Je suis bien désolé de vous avoir fait de la peine. Pourtant j'en ai eu aussi. Voyez-vous, je m'étais un peu habitué à me considérer comme une protection pour vous tous. Je voulais vous aider, Simone * plus tard, et trouver en rentrant une maison complète. [...]

Si j'ai été un peu désillusionné sur mon importance dans la famille, ça n'a rien à voir avec ma tendresse.

Elle est bien grande et me coûte bien des mélancolies et je ne puis penser à mon coin de terre sans une grande faim d'être là-bas. Et sans serrer les poings parmi toutes ces foules en pensant à l'odeur des tilleuls de Saint-Maurice, à l'odeur des armoires, à votre voix, aux

---

* Sa sœur aînée, que Saint-Exupéry surnomme Monot quelques lignes plus bas.

lampes à huile d'Agay. Et à tout ce que je découvre qui fait de plus en plus le fond de moi-même. L'argent ne vaut peut-être aucun sacrifice si grand. Et quand je pense que Monot part à la poursuite de ce mirage et avec bien moins de consolation dans le métier et dans le pain, j'éprouve un peu d'amertume. Retour possible, stage provisoire, tout ça c'est de la blague. Elle verra comme on est prisonnier. Quand ce ne serait que de ses habitudes et de ses besoins. Et comme la vie est bien un engrenage. Et surtout, l'étranger qui vous prend pour toujours.

Dites-vous bien que tous les actes sont définitifs. Laissez les nuages d'agrément ou d'expérience aux milliardaires. Quand on part pour l'Indochine, c'est pour y rester, même si l'on y crève de désespoir. Et ça ne se répare pas au gré de vacances, un jour, en France. Les vacances finies, on repart toujours : c'est la pire des maladies que vous lui donnez. Et l'on ne repart pas vers quelque douceur que l'on regrette mais vers l'attrait puissant d'heures souvent très amères. C'est la vie qui prend cette pente-là. On s'en va tout naturellement.

J'ai voulu vous faire venir, puis j'ai eu à lutter contre beaucoup de choses et je n'ai même pas été certain d'être ici pour votre arrivée. Peut-être vais-je être plus tranquille. Alors, vous viendrez.

J'écris peu, je n'ai pas le temps, mais le livre que je forme si lentement sera un beau livre.

Je vous embrasse maman. Dites-vous bien que de toutes les tendresses la vôtre est la plus précieuse et que l'on revient dans vos bras aux minutes lourdes. Et que l'on a besoin de vous, comme un petit enfant, souvent. Et que vous êtes un grand réservoir de paix et que votre image rassure, autant que lorsque vous donniez du lait à vos tout-petits.

Je pense à mon coffre de Saint-Maurice, à mes

tilleuls. Et je raconte à tous nos amis nos jeux d'enfance, le Chevalier Aklin des jours de pluie *, ou la sorcière, ce conte de fées perdu.

Et c'est un drôle d'exil d'être exilé de son enfance.

Je vous embrasse encore.

Antoine

En 1931, l'Aéropostale est dissoute et Saint-Exupéry rentre à Paris ; puis il effectue des vols entre la France, le Maroc et l'Algérie. En décembre 1935, il tente de battre le record du raid Paris-Saïgon. Le 29, il a un accident dans le désert de Libye, et ne sera retrouvé que le 1er janvier 1936 au soir.

* *« Nous partions à l'extrême fond du parc en direction de la maison, au large des pelouses, à perdre haleine. Les premières gouttes des averses d'orage sont lourdes et espacées. Le premier touché s'avouait vaincu. Puis le second. Puis le troisième. Puis les autres. Le dernier survivant se révélait ainsi le protégé des dieux, l'invulnérable ! Il avait droit jusqu'au prochain orage, de s'appeler le Chevalier Aklin. »*

Le Caire, 3 janvier 1936

Ma petite maman,

J'ai pleuré en lisant votre petit mot si plein de sens, parce que je vous ai appelée dans le désert. J'avais pris de grandes colères contre le départ de tous les hommes, contre ce silence, et j'appelais ma maman.

C'est terrible de laisser derrière soi quelqu'un qui a besoin de vous comme Consuelo *. On sent l'immense besoin de revenir pour protéger et abriter, et l'on s'arrache les ongles contre ce sable qui vous empêche de faire votre devoir, et l'on déplacerait des montagnes. Mais c'est de vous que j'avais besoin ; c'était à vous à me protéger et à m'abriter, et je vous appelais avec un grand égoïsme de petite chèvre.

C'est un peu pour Consuelo que je suis rentré, mais c'est pour vous, maman, que l'on rentre. Vous si faible, vous saviez-vous à ce point ange gardienne, et forte, et sage, et si pleine de bénédictions, que l'on vous prie, seul, dans la nuit ?

Antoine

* Consuelo Suncin, écrivain et artiste salvadorienne qu'il a épousée en 1931.

Le 31 juillet 1944, après avoir survolé le village de Cabris, où vivait sa mère depuis 1932, Saint-Exupéry disparaît dans la baie des Anges. Quelques jours auparavant, il lui écrivait sa dernière lettre et lui demandait : « Quand sera-t-il possible de dire qu'on les aime à ceux que l'on aime ? »

Sa lettre se perd et ne parvient à sa mère qu'un an après sa disparition. Longtemps, Marie de Saint-Exupéry refuse de croire à la mort de son fils. Puis elle se résigne et écrit : « Antoine a été un enfant émerveillé et heureux. Les difficultés de la vie en ont fait un homme conscient, la Ligne un héros et un écrivain. L'exil en a peut-être fait un saint. Mais plus que le héros, plus que l'écrivain, plus que l'enchanteur, plus que le saint, ce qui nous rend Antoine si proche, c'est son infinie tendresse. "Sur le chemin, l'étoile est inusable, il faut donner, donner, donner." Petit enfant il fait un détour pour ne pas écraser une chenille. Il monte à la cime des sapins pour apprivoiser les tourterelles. Au désert il apprivoise les gazelles. Il apprivoise les Maures. Et maintenant encore, après des années de silence, il continue à apprivoiser les hommes. "Qu'est-ce qu'apprivoiser ? demande le Petit Prince. Et le renard répond : C'est créer des relations." »

Marie-Antoinette

« Ma chère maman voudra-t-elle agréer le respect et la tendresse d'une fille désolée pour lui avoir déplu ? »

Soumission

Mariée au dauphin, le futur Louis XVI, afin de réconcilier la monarchie française avec celle des Habsbourg, Marie-Antoinette (1755-1793) obéit à la volonté de sa mère en entretenant aussitôt avec elle une correspondance secrète dans laquelle elle l'informe de tous ses faits et gestes. L'archiduchesse Marie-Thérèse délègue également deux espions à son service : son ambassadeur en France le comte Mercy-Argenteau, qui lui envoie fidèlement de longs rapports, et l'abbé de Vermond. L'archiduchesse peut ainsi conseiller et gouverner à distance une fille qui ressent pour elle une admiration mêlée de crainte. En 1771, Marie-Antoinette confiera d'ailleurs au comte de Mercy : « Après tout, l'impératrice sait bien que je ferai toujours ce qu'elle voudra. »

Versailles, 15 décembre 1772

Madame ma très chère mère,

Les gazettes n'ont pas encore raison : je ne désespère pas que cela n'arrive bientôt*. Je crois qu'il n'est pas encore assez fort ; certainement du moment que cela

* Mariée depuis le 16 mai 1770, Marie-Antoinette est délaissée par le dauphin, qui ne cesse de s'inventer des occupations pour l'éviter. Le mariage ne sera consommé qu'en août 1777.

arrivera, je ne perdrai pas une minute pour vous le mander. Mercy secondera sûrement bien mon empressement.

Je soupçonne qu'on vous en aura dit sur mes cavalcades plus qu'il n'y en a. Je vais, ma chère maman, vous dire la vérité toute entière. Le roi et M. le dauphin ont plaisir de me voir à cheval. Je ne le dis que parce que tout le monde s'en est aperçu ; surtout pendant le voyage de Compiègne, ils ont été enchantés de me voir l'habit d'équipage. Quoique je dois avouer que je n'ai pas eu de peine de me conformer à leur goût, je puis néanmoins assurer que je ne me suis jamais laissée emporter à la poursuite de la chasse, et j'espère que, malgré mon étourderie, je me laisserai toujours arrêter par des gens sensés qui m'accompagnent, et ne me fourrerai jamais dans la bagarre...

La Palffy * n'est pas encore venue ici ; j'espère qu'elle viendra lundi prochain pour voir le bal. Esterhazy ** a dansé hier avec nous ; tout le monde a été fort content de son maintien et de sa manière de danser : j'aurais dû lui parler lorsqu'on me l'a présenté : mon silence n'était que de l'embarras, ne le connaissant pas. On me ferait grande injustice de croire que j'ai de l'indifférence pour ma patrie ; j'ai plus de raison que personne pour sentir tous les jours le prix du sang qui coule dans mes veines, et ce n'est que par prudence que, dans quelque occasion, je n'en fais pas sentir toute la valeur. [...]

---

* Marie-Gabrielle Palffy, comtesse de Colloredo, la fille du vice-chancelier de l'empire d'Autriche.

** Le comte Esterhazy faisait partie d'une famille de la noblesse hongroise appréciée de Marie-Thérèse d'Autriche. Un rapport envoyé par Mercy le 14 novembre lui apprenait que sa fille avait fait preuve d'une certaine froideur à son encontre.

Je ne néglige rien pour faire ma cour au roi et prévenir ses souhaits autant que je puis les deviner. J'espère qu'il est content de moi ; c'est mon devoir de le contenter, mon devoir et ma gloire si je puis contribuer à conserver l'union des deux maisons.

Mercy doit être content du silence que je garde depuis longtemps sur tout ce qui fait murmurer contre la favorite…

Docile, Marie-Antoinette guette l'approbation de sa mère. Elle a d'autant plus besoin de son soutien qu'elle manque d'expérience pour affronter les intrigues de Versailles, et souffre cruellement de l'éloignement de sa famille, le dédain de Louis XV s'ajoutant au désintérêt de Louis XVI. Seule la foule de Paris l'accueille avec un enthousiasme indiscutable.

Versailles, 14 juin 1773

Madame ma très chère mère,

Je suis toute honteuse de vos bontés. Avant-hier, Mercy m'a remis votre précieuse lettre, et hier, j'ai reçu la seconde ; c'est passer bien heureusement sa fête. J'en ai eu mardi dernier une, que je n'oublierai de ma vie ;

nous avons fait notre entrée à Paris. Pour les honneurs, nous avons reçu tous ceux qu'on peut imaginer ; tout cela, quoique fort bien, n'est pas ce qui m'a touchée le plus, mais c'est la tendresse et l'empressement de ce pauvre peuple, qui, malgré les impôts dont il est accablé, était transporté de joie de nous voir. Lorsque nous avons été nous promener aux Tuileries, il y avait une si grande foule que nous avons été trois quarts d'heure sans pouvoir ni avancer ni reculer *. M. le dauphin et moi avons recommandé plusieurs fois aux gardes de ne frapper personne, ce qui a fait un très bon effet. Il y a eu si bon ordre dans cette journée que, malgré le monde énorme qui nous a suivis partout, il n'y a eu personne blessé. Au retour de la promenade, nous sommes montés sur une terrasse découverte et y sommes restés une demi-heure. Je ne puis vous dire, ma chère maman, les transports de joie, d'affection, qu'on nous a témoignés dans ce moment. Avant de nous retirer, nous avons salué avec la main le peuple, ce qui a fait grand plaisir. Qu'on est heureux dans notre état de gagner l'amitié de tout un peuple à si bon marché !

Il n'y a pourtant rien de si précieux : je l'ai bien senti et ne l'oublierai jamais.

Un autre point, qui a fait grand plaisir dans cette belle journée, c'est la conduite de M. le dauphin. Il a répondu à merveille à toutes les harangues, a remarqué tout ce qu'on faisait pour lui, et surtout l'empressement et la joie du peuple, à qui il a montré beaucoup de bonté. Entre tous les vers qu'on m'a donnés à cette

* Devant les acclamations de la foule, le maréchal de Brissac aurait eu un mot resté célèbre : « Madame, n'en déplaise à monsieur le dauphin, ce sont autant d'amoureux qui vous regardent ! »

occasion, j'ai trouvé ceux-ci les plus jolis*. J'ose vous les envoyer. Nous allons demain à l'Opéra à Paris. On le désire fort, et je crois même que nous irons deux autres jours aux Comédies française et italienne. Je sens de plus en plus ce que ma chère maman a fait pour mon établissement. J'étais la dernière de toutes**, et elle m'a traitée en aînée. Aussi mon âme est-elle remplie de la plus tendre reconnaissance. [...]

Ma chère maman me loue trop sur ma tendresse et mon attachement pour elle. Jamais je ne pourrai lui rendre la moitié de ce que je lui dois. Je l'embrasse de tout mon cœur.

Louis XV meurt le 10 mai 1774. Marie-Antoinette s'apprête à être sacrée nouvelle reine de France et de Navarre. Avec sa plus grande ennemie exilée dans un couvent (madame du Barry est aussitôt envoyée près de Meaux), elle peut enfin prendre ses aises à Versailles.

Choisy, le 14 mai 1774

* Ces vers, probablement médiocres, n'ont pas été conservés dans les archives de Marie-Thérèse.

** Marie-Antoinette est la benjamine des 16 enfants de Marie-Thérèse d'Autriche et de François de Lorraine.

Madame ma très chère mère,

Mercy vous aura mandé les circonstances de notre malheur * ; heureusement cette cruelle maladie a laissé au roi la tête présente jusqu'au dernier moment, et sa fin a été fort édifiante. Le nouveau roi paraît avoir le cœur de ses peuples ; deux jours avant la mort du grand-père il a fait distribuer deux cent mille francs aux pauvres, ce qui a fait le plus grand effet. Depuis la mort, il ne cesse de travailler et de répondre de sa main aux ministres qu'il ne peut pas encore voir, et à beaucoup d'autres lettres. Ce qu'il y a de sûr, c'est qu'il a le goût de l'économie et le plus grand désir de rendre ses peuples heureux. En tout il a autant d'envie que de besoin de s'instruire, j'espère que Dieu bénira sa bonne volonté. [...]

Le roi me laisse la liberté de choisir pour les nouvelles places dans ma maison en ma qualité de reine. J'ai eu le plaisir de donner aux Lorrains une marque d'attention, en prenant pour premier aumônier l'abbé de Sabran, homme de bonne conduite, de grande naissance et nommé à l'évêché qu'on va faire à Nancy. Quoique Dieu m'a fait naître dans le rang que j'occupe aujourd'hui, je ne puis m'empêcher d'admirer l'arrangement de la Providence, qui m'a choisie, moi la dernière de vos enfants, pour le plus beau royaume d'Europe.

Je sens plus que jamais ce que je dois à la tendresse de mon auguste mère, qui s'est donné tant de soins et de

---

* En effet, Mercy a envoyé la nouvelle à la reine dès le 10 mai : « *Le roi était à l'agonie depuis hier ; il reçut le soir l'extrême-onction, il vient d'expirer cette après-midi entre trois et quatre heures. Il a toujours eu l'esprit présent et a donné jusqu'au dernier moment des marques d'une pénitence et d'une piété vraiment chrétiennes. Tout est ici dans une extrême confusion...* »

travail pour me procurer un bel établissement. Je n'ai jamais tant désiré de pouvoir me mettre à ses pieds, l'embrasser, lui montrer mon âme toute entière et lui faire voir comme elle est pénétrée de respect, de tendresse et de reconnaissance.

Marie Thérèse traite désormais sa fille en adulte, sans toutefois manquer une occasion de lui reprocher ses frivolités. Marie-Antoinette – qui s'étonne naïvement auprès du comte de Mercy de voir sa mère si bien informée – se défend de son mieux…

Marly, 30 juillet 1774

Vos deux dernières lettres m'ont comblée de satisfaction par la bonté avec laquelle ma chère maman pense à tout ce qui m'intéresse, et par ses bons avis qui sont encore plus de la tendresse et amitié que des droits de mère ; si je n'en profite autant que je devrais pour moi, au moins je répondrai à ma tendre mère avec sincérité et confiance. Il est bien vrai que les éloges et l'admiration pour le roi ont retenti partout. Il le mérite bien par la droiture de son âme et l'envie qu'il a de bien faire ; mais je suis inquiète de cet enthousiasme français pour la suite. Le peu que j'entends des affaires me fait voir qu'il y en a de fort difficiles et embarrassantes. On convient bien que le feu roi a laissé les choses en très mauvais état ; les esprits sont divisés, et il sera impossible de contenter tout le monde dans un pays où la vivacité voudrait que tout fût fait dans un moment. C'est bien vrai, ce que dit ma chère maman, fixer des principes et ne plus s'en départir. Le roi n'aura pas la même faiblesse que son grand-père. J'espère aussi qu'il n'aura pas de favori, mais je crains qu'il ne soit trop doux et trop facile, comme quand M. de Maurepas lui a fait donner 500 000 francs à M. d'Aiguillon.

La pension de M. de Monteynard est bien différente.

On ne lui a donné que ce qu'on donne toujours aux ministres retirés ; il s'était conduit en honnête homme, et tout son tort était de déplaire au vilain tripot.

Ma chère maman peut compter que je n'entraînerai pas le roi dans de grandes dépenses ; bien au contraire je refuse de moi-même les demandes qu'on me prie de lui faire pour de l'argent. Le roi ne pense pas à dépenser des millions en bâtiments, c'est une exagération comme sur bien des choses, et sur ma familiarité, qui ne pourrait être vue que de bien peu de monde. Ce n'est pas à moi à me juger, mais il me semble qu'il n'y a entre nous que l'air de bonne amitié et de gaieté de notre âge. [...]

Je dois avouer ma dissipation et paresse pour les choses sérieuses. Je désire et espère me corriger peu à peu, et sans jamais me mêler d'intrigues, me mettre en état de répondre à la confiance du roi, qui vit toujours de bien bonne amitié avec moi. [...]

Versailles, le 22 juin 1775

[…] Le sacre a été parfait de toute manière ; il paraît que tout le monde a été fort content du roi ; il doit bien l'être de tous ses sujets : grands et petits, tous lui ont montré le plus grand intérêt, les cérémonies de l'église étaient interrompues au moment du couronnement par les acclamations les plus touchantes. Je n'ai pu y tenir, mes larmes ont coulé malgré moi, et on m'en a su gré. J'ai fait de mon mieux pendant tout le temps du voyage pour répondre aux empressements du peuple, et quoiqu'il y ait eu beaucoup de chaleur et de foule, je ne regrette pas ma fatigue, qui d'ailleurs n'a pas dérangé ma santé. C'est une chose étonnante et bien heureuse en même temps d'être si bien reçu deux mois après la révolte et malgré la cherté du pain, qui malheureusement continue. C'est une chose prodigieuse dans le caractère français de se laisser emporter aux mauvaises suggestions et de revenir tout de suite au bien. Il est bien sûr qu'en voyant des gens qui dans le malheur nous traitent aussi bien, nous sommes encore plus obligés de travailler à leur bonheur. Le roi m'a paru pénétré de cette vérité ; pour moi, je sais bien que je n'oublierai de ma vie (dût-elle durer cent ans) la journée du sacre. Ma chère maman, qui est si bonne, aurait bien partagé notre bonheur. […]

Marie-Antoinette a beau minimiser ses excès aux yeux de sa mère, celle-ci sait tout de l'extravagance de sa garde-robe, des innombrables fêtes auxquelles le roi ne prend pas part et des sommes exorbitantes qu'elle perd au jeu. Marie-Thérèse la sermonne, et conclut sa lettre du 2 juin 1775 en ces termes : « Nous sommes dans ce monde pour faire du bien aux autres. Votre tâche est une des plus essentielles. Nous ne sommes pas pour nous-mêmes et pour nous amuser, mais pour acquérir le ciel, où tout tend, et qui ne se donne pas gratis : il faut le mériter. Pardonnez ce sermon, mais je vous l'avoue, ce lit à part, ces courses avec le comte d'Artois ont mis d'autant plus de chagrin dans mon âme que j'en connais les conséquences et ne saurais vous les présenter trop vivement pour vous sauver de l'abîme où vous vous précipitez. Attribuez à ma tendresse ces alarmes, mais ne les croyez pas superflues. »

Versailles, le 12 août 1775

Madame ma très chère mère,

Je n'oserais jamais écrire à mon auguste mère, si je me sentais la moitié aussi coupable qu'elle le croit. Être comparée aux Pompadour, aux du Barry, couverte des épithètes les plus affreuses, ne va pas à votre fille. J'ai écrit une lettre à un homme de mérite, qui a votre confiance et à qui, sur une autorité si respectable, j'ai cru pouvoir donner la mienne. Comme il est venu dans ces pays-ci et qu'il connaît la valeur qu'on met ici à certaines phrases, je ne devais en craindre aucun inconvénient. Ma chère maman en juge autrement, c'est à moi à baisser la tête et à espérer que, dans d'autres circonstances, elle me jugera plus favorablement et, j'ose dire, comme je le mérite. [...]

Ma chère maman voudra-t-elle agréer le respect et la tendresse d'une fille désolée pour lui avoir déplu ?

Inlassablement, Marie-Thérèse conseille à sa fille de réduire ses dépenses, de respecter le roi et l'étiquette. Clairvoyante, elle écrit à l'ambassadeur de France à Vienne : « Ma fille court à grands pas vers sa ruine. » Enfin, une bonne nouvelle lui parvient : après sept ans d'union, le mariage de Marie-Antoinette et Louis XVI est enfin consommé...

Le 30 août 1777

Ma chère mère,

[...] Je suis dans le bonheur le plus essentiel pour toute ma vie. Il y a déjà plus de huit jours que mon mariage est parfaitement consommé ; l'épreuve a été réitérée, et encore hier plus complètement que la première fois. J'avais pensé d'abord envoyer un courrier à ma chère maman. J'ai eu peur que cela ne fit événement et propos. J'avoue aussi que je voulais être tout à fait sûre de mon fait. Je ne crois pas être grosse encore, mais au moins j'ai l'espérance de pouvoir l'être d'un moment à l'autre. J'ai tant de marques de tendresse de ma chère maman, quelle sera sa joie ! J'en jouis comme de la mienne propre. Permet-elle que je l'embrasse de tout mon cœur ?

Six mois plus tard, elle est enceinte, et les échanges de la mère et de la fille prennent un ton particulièrement tendre. Le 29 mai 1778, Marie-Antoinette écrit à sa mère : « Je ne puis dire à ma chère maman combien je suis touchée de sa lettre : la confiance qu'elle m'y marque me pénètre. Ô Dieu ! que je voudrais pouvoir donner tout mon sang pour qu'elle soit heureuse et qu'elle jouisse de tout le bonheur et la tranquillité qu'elle mérite autant ! Ce ne sera jamais la faute de ses enfants toujours. Je juge de leurs cœurs par le mien ; il faudrait être bien ingrat pour ne pas sacrifier tout pour une mère aussi tendre que la nôtre. Voilà au moins ma manière de penser et celle d'eux tous, j'en suis sûre. Mais je sens que je m'attendris, je ne peux continuer. »

La mort soudaine de Marie-Thérèse, le 29 novembre 1780, met fin à dix ans d'intime correspondance. Dans une lettre à son frère datée du 10 décembre, Marie-Antoinette s'exprime en fille endeuillée plutôt qu'en souveraine : « Accablée du plus affreux malheur, ce n'est qu'en fondant en larmes que je vous écris. Oh ! mon frère, oh ! mon ami, il ne me reste donc que vous dans un pays qui m'est et me sera toujours cher ! Ménagez-vous, conservez-vous ; vous le devez à tous. Il ne me reste qu'à vous recommander mes sœurs. Elles ont encore plus perdu que moi ; elles seraient bien malheureuses ! Adieu ! je ne vois plus ce que j'écris. Souvenez-vous que nous sommes vos amis, vos alliés ; aimez-moi. Je vous embrasse. » Privée de l'expérience et des conseils de sa mère, la jeune reine de France sera désormais la proie des influences les plus néfastes…

Jules Verne

« Trouve-moi une femme bossue, et qui ait des rentes — et tu verras. »

Humour

Jules Verne (1828-1905) est le fils de Pierre Verne, avoué, et de Sophie Allote de la Fuÿe, une jeune femme d'origine bretonne et écossaise, issue d'une famille nantaise de navigateurs et d'armateurs. Il tient d'eux son amour pour la mer et la liberté. Venu terminer ses études de droit à Paris, en 1848, il passe sa thèse deux ans plus tard, tout en écrivant des poèmes et une tragédie en vers. Grâce à Alexandre Dumas, sa pièce Les Pailles rompues, *est montée en* 1850, *mais il faudra encore quelques années avant qu'il ne renonce définitivement à sa carrière d'avocat. Jules Verne écrit fréquemment à ses parents : les lettres à son père évoquent ses tracas financiers, la littérature et la politique ; les sujets intimes étant réservés à sa mère.*

Début 1851, Jules Verne a à peine 23 ans, mais il est déjà convaincu que son avenir est dans l'écriture, et il écrit à sa mère, le 26 janvier : « Je travaille, et si mes œuvres n'ont pas un résultat prochain, j'attendrai !

Ne croyez surtout pas que je m'amuse ici, mais il y a une fatalité qui m'y cloue ; je puis faire un bon littérateur, et ne serais qu'un mauvais avocat, ne voyant dans toutes choses que le côté comique et la forme artistique, et ne prenant pas la réalité sérieuse des objets. »

Désireux de se marier dès son jeune âge, il n'hésite pas à lui confier la recherche de sa future épouse, comme en témoigne cet extrait d'un lettre datée du 23 avril 1851 :

« J'épouse la femme que tu me trouveras ; j'épouse les yeux fermés, et la bourse ouverte ; choisis, ma chère mère, c'est sérieux ! » ; ou encore, le 10 décembre 1853 : « Trouve-moi une femme bossue, et qui ait des rentes – et tu verras. » Quelques mois plus tard, il est de plus en plus déterminé et ses idées se précisent.

Le 7 avril 1854

[...] Je me porte admirablement bien ; décidément la santé m'est tout à fait revenue ; c'est le vrai moment de me marier, ma chère mère, si bien que je t'engage à te mettre en campagne ; munis-toi de tout ce qu'il faut pour me présenter comme un garçon très conjugal, parfaitement assaisonné et cuit à point ; en un mot, fais l'article fils à marier, et place-moi entre les mains d'une jeune fille bien élevée, et bien riche, s'il le faut, j'irai vivre à Mortagne ; jamais de la vie je n'avais autant songé à cette cité vendéenne, et elle m'apparaît sous des couleurs roses ; j'aperçois mes propriétés grassement étendues au soleil, mes fermes en plein rapport, mes champs en pleine moisson ; le beau-père est un homme encore âgé avec des idées assez stupides sur les choses de ce monde ; mais c'est un brave homme au fond, ayant juste ce qu'il faut sur le ventre pour qu'on tape dessus sans le déranger ; la belle-mère fait des conserves, *cueille ses poules, élève ses confitures*, et se livre à tous ces soins d'un ménage campagnard qui caractérisent ces esprits étroits ; quant à leur fille (*ma phâme*), elle n'est ni bien, ni mal, ni bête, ni fine, ni amusante, ni désagréable, elle me donne régulièrement un fils ou une fille tous les neuf mois, ce qui me rend aussi heureux que la fin d'un conte de fées, où le prince et la princesse vivent très heureux et ont beaucoup d'enfants !

N'est-ce pas là mon avenir ? Si vraiment le bonheur, en ce monde, consiste à avoir le cerveau atrophié, et à exister de l'existence des canards au milieu d'une mare, seulement tâchons d'avoir la mare la plus propre possible.

J'espère que me voici rangé, ne va pas croire que je me moque et que je plaisante sur un sujet aussi grave ! [...] »

Après avoir subi plusieurs revers amoureux alors qu'il habitait encore à Nantes, il apprend le mariage de toutes ses anciennes amours, et suit leur parcours à travers les yeux de sa mère : « Tu me diras si Mlle Laurence je ne sais plus comment, qui a refusé ma main, est mariée maintenant, ou sur le point de l'être ; tu sais que je prends un vif intérêt à cette jeune personne qui a plus d'une fois passé dans mes rêves, et qui a eu le privilège d'occuper exclusivement ma pensée pendant quelques mois ; j'aimerais donc à être au courant de son existence ; des penchants de son cœur. Elle ne sait pas, l'infortunée, quel brillant parti elle a refusé là, pour épouser un jour un colimaçon comme Jean Cormier ou tout autre ; enfin c'était écrit ! »

Jules Verne a hérité de l'humour de sa mère, et les lettres qu'il lui adresse sont souvent pleines de fantaisie. Après une paralysie faciale passagère survenue en février

1855, il lui écrit : « Je ne me porte pas mal ; ma figure a repris ses lignes majestueuses, elle est gaie des deux côtés, je fais la moue tout à mon aise, et je suis capable de siffler les meilleures tragédies du monde. Doubles avantages dont je ne profite pas ! » Une seconde crise ne lui fait pas prendre la chose plus au sérieux.

(Novembre 1855)

Ma chère mère,

Je ne sais trop ce que veut dire cette paralysie du nerf facial ; Marie * ne sait même pas à quoi attribuer cette récidive.

En attendant, il m'électrise vigoureusement et me fait produire des grimaces à dérider le diplomate le mieux boutonné.

Rassure-toi sur un point, qui te paraît bien important.

Mes traits ne sont pas décomposés, et pourvu que je n'ouvre pas la bouche, que je ne ferme pas les yeux, que je ne renifle pas, et que je ne plisse pas le front, on ne s'aperçoit de rien.

Mais franchement, je ne pourrais pas me permettre d'aller dans une société où l'on dirait des choses drôles et spirituelles, car le rire m'est interdit.

Heureusement que je ne vois pas mes parents ici !

Puisque Mlle Méry est un parti aussi brillant que Ninette, tu n'as qu'une chose à faire.

---

* Son médecin traitant.

Prends ton chapeau à plumes, ton *schall* des Indes, ta robe en moire antique ; fais-toi conduire par Moreau dans la famille désolée, et demande pour moi la main de la jeune demoiselle.

On sonnera immédiatement un domestique, qui te mettra à la porte.

Je ris sans avoir la moindre envie de rire.

Je regrette fort tes douleurs dans les mâchoires ; mais vraiment je n'ai pas la force d'y compatir.

Adieu, ma chère mère, je t'embrasse comme je peux.

Jules Verne

Début décembre 1855, c'est la perspective des vœux qui stimule son imagination : « Je ne pense pas sans frémir au jour de l'an, et aux lettres qu'il entraîne ; est-ce que je ne pourrais pas me dispenser d'écrire à chaque personne en particulier ; est-ce qu'une lettre collective ne ferait pas le même effet ? Si cela ne se peut, je vais faire autographier une circulaire, et je décalquerai sur la pierre lithographique la longue série de mes souhaits de bonne année ; d'ailleurs à quoi bon, ces vœux ne se réalisent jamais ; j'ai beau souhaiter bonne santé aux gens, ils ne s'en portent pas mieux. »

Jules Verne a aussi hérité de ce que l'on nomme, dans sa famille maternelle, « l'imagination Allote » du nom de jeune fille de sa mère. Elle contribuera à la particularité de ses romans, et on en appréciera la vivacité fantasque dans cette lettre à sa mère du 31 décembre 1852 :

Madame,

Je viens d'apprendre de la bouche de monsieur votre fils, que vous aviez l'intention de lui envoyer des mouchoirs ; je lui ai demandé la permission de vous remercier moi-même, et il me l'a octroyée avec la gracieuseté qui le caractérise.

Je lui suis fortement attaché par des liens indissolubles, et jamais, sa vie durant, je ne me séparerai de lui ; en un mot, je suis son nez ; comme l'envoi de ces mouchoirs me regarde particulièrement, il m'a permis de vous écrire en cette occasion.

C'est une excellente idée que vous avez eue là, madame ; nous allons entrer dans la saison des rhumes et des roupies, et il est consolant de pouvoir recueillir ce fruit des intempéries hivernales.

Je profiterai de cette occasion, madame, pour vous dire au sujet de monsieur votre fils quelques paroles bien senties ; c'est un fort bon garçon, dont je suis fier ; il a perdu l'habitude de m'élargir en fourrant ses doigts dans mes profondeurs, il prend au contraire soin de mes narines ; il me regarde souvent dans la glace, et me trouve à son goût, sans doute, car il sourit, avec ce charme qui le distingue.

Au surplus, je n'ai pas à me plaindre ; je suis peut-être un peu long, mais ma forme rappelle les camées antiques, et monsieur votre fils me fait valoir en toute occasion ; quelques jeunes dames me trouvent à leur goût, et je finirai par devenir fat.

Je ne me plaindrais pas de mon sort, si, depuis quelque temps, monsieur votre fils, madame, ne relevait sa moustache en croc ; il la caresse un peu trop, ce qui me rend excessivement jaloux ; mais on ne peut tout avoir en ce monde.

D'ailleurs, madame, c'est à vous que je dois mes succès en ce monde ; il paraît que je tiens beaucoup pour la forme, d'un de mes confrères qui habite entre votre front et votre bouche ; il y a longtemps, hélas, que je n'ai revu ce cher ami ; mais que voulez-vous, je ne puis me séparer de monsieur votre fils.

C'est un poète, dit-on ; je le vois parfois occupé à faire des vers ; je déteste cet exercice, car alors, ou il me tire fortement, ou m'essuie sur sa manche, ce qui m'est particulièrement désagréable ; quand il aura reçu ces précieux mouchoirs que vous annoncez, j'aime à croire que je ne me plongerai plus que dans la fine batiste de Hollande, qui va si bien à mon beau caractère.

Dans ce moment-ci, je suis un peu enchifrené * ; ma narine gauche ne perçoit pas facilement les douces émanations de la rue ; mais du reste ma santé est bonne, et mes sécrétions ne sont pas trop abondantes.

Monsieur votre fils me charge de toutes sortes de vœux pour vous ; il remercie son père de la traite qui lui est fidèlement parvenue avec l'augmentation annuelle ; il l'a immédiatement convertie en espèces ayant cours. J'apprends avec joie que les plaisirs du carnaval commencent dans ma patrie ; croyez bien, madame, que je ne me serais pas fourré dans cette cohue de l'ancienne bonnetière ; j'ai trop de respect pour le nom que je porte, et monsieur votre fils ne m'aurait pas compromis dans des lieux mal hantés.

* Enrhumé.

Veuillez, madame, présenter mes civilités les plus mouchées aux membres correspondants de notre famille ; mes frères n'oubliez pas, je vous prie, les nez des jeunes sœurs de monsieur votre fils (un bien aimable jeune homme) et soyez vis-à-vis d'eux l'interprète des vœux que je renifle pour leur bonheur.

Je suis, madame, avec de nouveaux mouchoirs,

Le nez très respectueux et très long de monsieur votre fils,

Nabuco pour ampliation.

Jules Verne

Enfin, en mai 1856, il rencontre sa future épouse, Honorine Morel, au mariage d'un de ses amis, et se confie aussitôt à sa mère : « Je ne sais pas, ma chère mère, si tu ne trouveras pas quelque différence entre le style de cette page et celle qui la précède, tu n'es pas habituée à me voir faire ainsi un éloge général de toute une famille, et ta perspicacité naturelle va te faire croire qu'il y a quelque chose là-dessous ! Je crois bien que je suis amoureux de la jeune veuve de 26 ans ! Ah ! pourquoi a-t-elle deux enfants ! Je n'ai pas de chance ! Je tombe toujours sur des impossibilités d'une espèce ou d'une autre ; il y a sept ou huit mois qu'elle est veuve ; son mari est mort poitrinaire et à la suite d'imprudence. Mais je ne sais pas pourquoi je te parle de tout cela ? »

Jules Verne vaincra ces « impossibilités » et épousera Honorine quelques mois plus tard ; leur fils, Michel, naîtra en 1861. C'est en 1863 qu'il connaît son premier grand succès avec Cinq semaines en ballon *et signe avec son éditeur Jules Hetzel un contrat les liant pour vingt ans !*

En 1868, renouant avec la tradition familiale, il achète une chaloupe de pêche dont il fera son cabinet de travail. À la mort de sa mère, en 1887, il vendra la maison familiale de Chantenay, n'ayant jamais pardonné à la société nantaise d'avoir fait échouer ses premiers projets de mariage.

Vincent Van Gogh

« À certains moments mes sentiments me débordent plus qu'auparavant.
Il m'arrive alors de penser à vous et au passé. »

Pudeur

Aîné des six enfants de Théodorus Van Gogh et de Anna Cornelia Carbentus, Vincent Van Gogh (1853-1890) naît un an, jour pour jour, après la venue au monde d'un garçon mort-né dont il porte le prénom. Son père est pasteur de la communauté réformée des Pays-Bas, sa mère est la fille d'un relieur de la Haye ; ils mènent une vie modeste, rythmée par des dévotions austères. Douée pour le dessin, sa mère lui transmet son goût pour les arts. Vincent exerce plusieurs métiers, dont celui de pasteur, auprès des mineurs du Borinage, en Belgique. Mais son zèle social lui vaut d'être renvoyé. Sur les conseils de son frère Théo, il décide alors de se consacrer exclusivement au dessin et à la peinture.

En mai 1889, se sentant de plus en plus menacé par la folie, Vincent choisit de se faire enfermer dans l'ancien monastère de Saint-Paul-de-Mausole, reconverti en asile. Il y restera une année.

Saint-Rémy, le 2 juillet 1889

Chère mère,

Vous dites que vous êtes une maman de près de 70 ans, c'est sans doute vrai, mais on ne le remarquerait pas à votre écriture ; elle est encore très ferme. Théo et Wil * m'ont d'ailleurs écrit que vous sembliez rajeunir ; fort bien, cela est parfois nécessaire dans la vie ! [...]

Le chagrin que nous éprouvons et éprouverons toujours d'une séparation et d'une perte est, me semble-t-il, instinctif ; sans lui, nous ne pourrions nous résigner aux séparations, il nous aidera probablement plus tard à nous reconnaître l'un l'autre et à nous retrouver.

Le fait est là, en tout cas, que les choses ne peuvent jamais rester dans leur état actuel.

Et pourtant, les pommes ne tombent pas loin du tronc, et leurs pépins ne sont pas près d'engendrer des orties, autant que je sache. [...]

J'ai l'impression qu'il ne fait pas beaucoup plus chaud ici en été que chez nous ; en tout cas on ne souffre guère plus de la chaleur, étant donné que l'air y est plus limpide et plus pur. D'ailleurs, ici, nous avons souvent beaucoup de vent, le mistral. J'ai peint dans les champs de blé au plus fort de la chaleur sans en être incommodé.

Mais à voir le blé jaunir vite, on se rend compte que le soleil y a tout de même plus de force. Chez nous, les champs sont infiniment mieux et plus régulièrement cultivés qu'ici où le terrain, de par sa nature rocheuse, n'est pas propre à toutes les cultures. Il y a de ces côtés-ci

* Sa sœur Willemina, née en 1862.

beaucoup de très beaux jardins d'oliviers, à la verdure d'un gris argenté, comme celle des saules étêtés.

Le ciel bleu n'est pas fait pour m'ennuyer. On ne rencontre jamais ici du sarrasin, ni du colza, et, en général, il y a un peu moins de variété que chez nous.

Et moi précisément qui voudrais tant peindre un champ de sarrasin en fleurs, ou du colza en fleurs, ou du lin, mais il se peut que j'en aurai l'occasion plus tard en Normandie ou en Bretagne. De plus, on ne voit jamais ici de toits recouverts de mousse comme il y en a chez nous sur les granges et les chaumières, ni de taillis de chêne, ni de la spergule, ni des haies de hêtre aux feuilles d'un rouge brun et aux vieux troncs blanchâtres entremêlés.

Non plus de la bruyère proprement dite, ni des bouleaux, si beaux à Nuenen.

Mais ce qui est joli dans le Midi, ce sont les vignobles dans le plat pays ou sur les flancs des collines. J'en ai vu ; j'ai d'ailleurs envoyé un tableau à Théo représentant un vignoble pourpre, rouge comme du feu, jaune et vert et violet, comme la vigne vierge en Hollande. J'aime autant regarder un vignoble qu'un champ de blé. Enfin, les collines couvertes de thym et d'autres plantes odorantes sont très jolies et, grâce à la limpidité de l'air, la vue porte bien plus loin que chez nous, du sommet des hauteurs.

Je termine en vous disant que je vous crois bien aise que votre fils Théo soit enfin arrivé à se marier. À votre place, je ne prendrais pas tant souci de sa santé ; je tâcherais de le convaincre que lui et sa femme doivent venir vous voir deux fois par an, au lieu d'une. Surtout que Cor * va partir. Cela serait bon pour vous et pour eux. Se distraire un peu ne pourrait nuire à ses affaires, et

* Son frère Cornélis, né en 1867.

vous pouvez être assurée que sa femme ne vous en voudrait pas si vous réveilliez chez lui l'envie de venir de temps à autre avec elle en Hollande. N'oubliez pas que nous avons autant de raisons d'être ingrats que de raisons d'être reconnaissants dans nos affaires parisiennes ; vous pouvez bien faire valoir ces raisons au moins une fois, en votre qualité de mère de près de 70 ans.

Je vous embrasse en pensée et, en serrant la main de Cor, je lui souhaite bon courage dans son entreprise.

Croyez-moi toujours

Votre Vincent affectionné

Grâce à Théo, Vincent bénéficie de deux chambres dont l'une, donnant sur le jardin, lui sert d'atelier. Il écrit à sa mère et évoque sa condition de peintre et ses tableaux en toute humilité.

Saint Rémy, 22 octobre 1889

Chère mère,

J'ai voulu vous écrire encore une fois, avant que vous ne quittiez la vieille maison, pour vous remercier de votre dernière lettre et des nouvelles relatives au voyage de Cor. […]

Je veux encore vous dire que ce que je vous avais promis est maintenant prêt – des études de paysages, un petit portrait de moi-même et l'étude d'un intérieur.

Mais je crains que tout cela ne vous déçoive et que certains détails ne vous paraissent dénués d'intérêt ou même laids. Wil et vous-même pourrez en faire ce que bon vous semblera ; si le cœur vous en dit, vous pourrez en donner une partie à mes autres sœurs. C'est la raison pour laquelle je vous envoie quelques tableaux de plus.

Cela ne me regarde pas. J'aurais voulu que ces tableaux constituent en quelque sorte un tout, que je préférerais voir rester tel pour qu'il ait de l'importance un jour. Toutefois, je sais d'avance que vous n'aurez pas suffisamment de place pour caser tout cela, par conséquent faites-en ce que bon vous semblera ; je vous conseille cependant de garder au moins le tout pendant un certain temps. Vous pourrez alors juger d'autant mieux lesquels vous plaisent davantage à la longue. [...]

En regardant mon portrait que je joins à l'envoi, vous constaterez que, bien que j'aie vécu durant des années à Paris, à Londres et dans d'autres grandes villes, j'ai continué à ressembler plus ou moins à un paysan de Zundert, par exemple à Toon ou à Piet Prins ; je m'imagine parfois que je sens et pense comme un paysan ; seulement, les paysans sont d'une plus grande utilité que moi en ce monde. Ce n'est que quand ils ont leur nécessaire que les gens commencent à s'intéresser aux tableaux et aux livres, etc., et à en avoir besoin. Selon ma propre évaluation, je me sens évidemment inférieur aux paysans.

Enfin, je laboure mes tableaux comme eux labourent leurs champs !

Pour le reste, ça va assez mal dans notre métier. À vrai dire, il en a toujours été ainsi, mais particulièrement pour le moment.

Cependant, on n'a jamais payé des tableaux aussi chers que de nos jours.

D'ailleurs, lorsqu'on s'est donné la peine d'apprendre à maîtriser son pinceau, plus moyen de s'empêcher de peindre. Comparé à d'autres, je puis encore me compter parmi les chançards, mais imaginez ce que devient celui qui essaie ce métier et doit l'abandonner avant d'avoir fait quelque chose... Et il y en a beaucoup dans ce cas.

Disons qu'il faut dix ans pour apprendre le métier. Si vous saviez comme il est navrant de devoir abandonner après avoir travaillé et supporté des dépenses pendant six ans, par exemple – et combien il y en a dans ce cas !

Et l'on entend dire que l'on paye de grosses sommes pour les tableaux de peintres qui sont morts et qu'on en donnait beaucoup moins de leur vivant.

Le commerce de tableaux est comparable à un commerce de tulipes, qui vaut aux peintres vivants plus de désavantages que d'avantages. Et ce commerce périclitera, comme le commerce de tulipes.

On peut se dire pourtant qu'il existe encore des jardiniers-fleuristes, bien que le commerce de tulipes soit mort et oublié depuis longtemps, et qu'il y en aura toujours. Je considère la peinture du même point de vue : ce qui en subsistera est en quelque sorte comme une culture de fleurs. Pour moi, je m'estime heureux d'être dans le métier. Mais, les autres !

Tout cela pour vous prouver qu'il ne faut pas se faire d'illusions. Ma lettre doit partir ; je travaille pour le moment au portrait d'un malade de l'asile. C'est bizarre, mais quand on vit un certain temps parmi eux, on s'y habitue, on ne songe même plus qu'ils sont fous. Soyez embrassée en pensée par

Votre Vincent affectionné.

La lettre suivante est l'occasion d'exprimer sa reconnaissance. Il y décrit librement la perception qu'il se fait de sa maladie.

Saint-Rémy, le 20 décembre 1889

Chère mère,

Vers la fin de l'année, je viendrai vous dire encore une fois bonjour. Vous penserez que j'ai maintes fois oublié de le faire. Il y a un an, je suis tombé malade et il n'est pas facile pour moi de voir à quel point je suis guéri ou non. Je me reproche souvent certaines choses du passé, par exemple que c'est en partie par ma faute que j'ai contracté ma maladie ; en tout cas, je pense qu'il est douteux que je puisse jamais réparer certaines fautes.

Il m'est parfois fort difficile d'y réfléchir et d'y penser, et à certains moments mes sentiments me débordent plus qu'auparavant. Il m'arrive alors de penser à vous et au passé.

Vous et papa, vous avez fait pour moi plus que pour les autres, si cela est possible ; vous avez fait beaucoup pour moi, et il paraît que je n'avais pas un caractère commode. J'ai commencé à comprendre, une fois à Paris, que Théo avait fait plus que moi de son mieux pour aider papa pratiquement, tant et si bien que ses propres intérêts en souffrirent quelquefois. C'est pourquoi je suis si heureux que Théo ait trouvé une femme et qu'il attende la naissance d'un enfant. Théo avait plus d'esprit d'abnégation que moi ; c'est là un trait profond de son caractère.

Lorsque papa n'y fut plus et que je fus installé à

Paris, il s'est tant attaché à moi que j'ai pu comprendre alors combien il avait aimé papa. Et je vous dis maintenant, à vous, mais non à lui, qu'il est bon que je ne sois pas resté à Paris, car nous nous serions attachés trop profondément l'un à l'autre.

Or, tel n'est pas le but de la vie ; je ne saurais vous dire à quel point je suis convaincu qu'il vaut mieux pour lui qu'il n'en soit plus comme auparavant et qu'il en aille comme il va à présent. Il avait trop de soucis exténuants dans la tête, et sa santé en souffrait.

Au début de ma maladie, je ne pouvais me résigner à l'idée de devoir entrer dans un asile.

Présentement, je conviens que j'aurais dû me faire soigner plus tôt, mais il est humain de se tromper en l'occurrence.

Un écrivain français prétend que tous les peintres sont plus ou moins fous, et s'il y a beaucoup de choses à objecter à cette proposition, il reste quand même qu'un peintre a tendance à demeurer trop enfermé en soi-même.

Quoi qu'il en soit, ici, où je n'ai à me soucier de rien, je m'imagine que je fais des progrès, quant à la qualité de mon œuvre.

Je continue à travailler avec un calme relatif, je fais de mon mieux, et je ne me compte pas au nombre des malheureux. [...]

Est-ce que vous vous rappelez que Rappard * a dit : « Cela ira mieux un jour » lorsqu'il est venu chez nous, après sa fièvre typhoïde ? Il m'arrive d'y penser lorsque je me sens mieux et, par moments, plus lucide que l'année dernière.

---

* Anthon van Rappard (1846-1892), peintre néerlandais qui fut le seul ami de Van Gogh parmi ses compatriotes.

Je vous souhaite une joyeuse fête de Noël, un joyeux réveillon et une bonne année.

Soyez embrassée en pensée par

Votre Vincent affectionné

En mai 1890, ayant surmonté sa dernière crise, Vincent se rend à Paris chez son frère. Puis il s'installe à Auvers-sur-Oise, village choisi par Théo en raison de la présence du docteur Gachet, grand amateur de peinture, qui veut s'occuper de Vincent. Le 27 juillet, il se tire une balle dans la poitrine ; il meurt le 29. Dans ses affaires, on retrouve une lettre inachevée à Théo, datée du 8 octobre 1888, que Vincent n'a jamais envoyée. Vers la fin, il s'excuse :

« Je t'écris en toute hâte car je travaille en ce moment à un portrait. Enfin, je fais un portrait de mère pour moi-même. Je ne peux pas supporter sa photographie toute grise, et j'essaie de la peindre dans une harmonie de couleurs, comme je la vois dans mon souvenir. »

Karen Blixen

« Jamais, au grand jamais, je n'oublierai ce que c'était que de pouvoir se libérer auprès de toi de toute l'inquiétude et de toute la souffrance dont on était accablé… »

Confidences

Karen Dinesen (1885-1962) naît au Danemark dans une famille de riches négociants. Celle que ses proches surnomment Tanne n'a que dix ans lorsque son père se pend, et elle ignorera longtemps les circonstances de sa mort. Elle tombe amoureuse de son cousin Hans Blixen qui ne partage pas ses sentiments, et dont elle finit par épouser le frère jumeau, Bror. En 1914, le baron Blixen emmène sa jeune épouse au Kenya où ils exploitent ensemble une plantation de café. Son amour pour l'Afrique est aussi immédiat que fulgurant, et malgré les difficultés à la plantation et ses problèmes de santé – son mari lui a transmis la syphilis –, Karen Blixen est heureuse dans ce pays qu'elle refuse de quitter.

Très liée à sa famille restée au Danemark, elle lui écrit longuement, et les lettres adressées à sa mère lui serviront d'aide-mémoire lorsqu'elle rédigera son plus célèbre roman, La Ferme africaine.

20 janvier 1914

À notre arrivée à la ferme m'attendait la surprise de voir les mille *boys* bien en rangs et, dans un vacarme véritablement assourdissant, ils se sont débandés après notre passage et nous ont suivis jusqu'à la maison, nous ont entourés lorsque nous sommes descendus, voulant absolument nous toucher, – et toutes ces têtes noires juste devant mes yeux formaient un spectacle vraiment impressionnant. Vous ne pouvez pas vous imaginer combien la ferme était ravissante et comme tout a été joliment arrangé. [...] Je crois qu'on pourra arranger un jardin tout à fait charmant, car les arbres sont magnifiques et c'est très bien situé.

En 1917, Thomas, le frère de Karen, s'engage dans l'armée canadienne afin de lutter contre les Allemands, comme l'avaient fait avant lui son père et son grand-père. Karen remonte le moral à sa mère et, au fil des lignes, lui rend un véritable hommage.

Ngong, 11 août 1917

[...] Depuis que Tommy t'a quittée, vous n'avez jamais quitté ma pensée, tous les deux, et je suis obligée de suivre chacun de tes mouvements au cours de la journée. Tu penses si j'ai été contente de recevoir ses gentilles lettres, d'abord du paquebot, puis de New York. D'un bout à l'autre de celles-ci, on pouvait remarquer combien le monde s'était ouvert à ses yeux et combien il savourait tout : sa jeunesse, sa liberté et son indépendance ; mais, étant donnée sa nature, je ne crois pas qu'il pourrait le faire si quelque chose de plus grand, quelque chose qui exige bien plus, et de plus décisif, ne l'attirait pas derrière tout cela, et c'est bien pour cette raison qu'on l'aime. Je pense tout le temps à papa et à grand-mère, quand il est parti en France pour prendre part à la guerre ; pour elle, cela a presque dû être encore plus pénible que pour toi, – bien qu'il ne puisse être question de degré dans les peines de cœur, – puisqu'elle avait connu l'angoisse une fois déjà et l'avait vu revenir, et je ne peux m'empêcher de penser que, par moments, grand-mère est près de toi là où tu te trouves, reliée à toi depuis l'infiniment loin par la sympathie qui ne peut manquer d'unir toutes les mères et par cette merveilleuse compréhension dont vous êtes douées, vous autres, mères bénies et prodigieuses, pour tous les autres enfants incompréhensibles, et qui vous explique, sans un mot mis très clairement, les voies étranges du petit Wilhelm * et du petit Thomas, et pourquoi c'est précisément cela qui s'impose à eux.

Tu penses bien, ma petite maman, que je comprends qu'« une mère est un martyr », – mais on vous aime également plus que le commun des mortels. Jamais, au grand jamais, je n'oublierai ce que c'était que de pouvoir se libérer auprès de toi de toute l'inquiétude et de toute la souffrance dont on était accablé, – et qui tout à coup se trouvaient réduites à ce que l'on ressentait, étant petite fille, après avoir cassé une tasse. Ce miracle, personne d'autre que toi n'aurait pu le réaliser ; aucun autre être humain, même le plus intelligent et le plus sage au monde, ne sait comme toi pencher vers moi un visage baigné de lumière qui me donne la paix, et je sais que, lorsque je te retrouverai, ce sera le même bonheur sans limite. Revenir près de sa mère et être pris dans ses bras est le même miracle naturel et immanquable que, chaque année, lorsque la forêt se met à reverdir ; ce monde désert, béant et battu par tous les vents se transforme tout à coup en une voûte, un couvert, un abri qui cependant reste tout à fait libre et vivant et tout se penche sur vous comme pour vous donner sa bénédiction et celle-ci ne saurait vous faire défaut tout le long de votre chemin...

* Le père de Karen.

C'est aussi à sa mère qu'elle raconte le mieux sa fascination pour le Kenya :

26 février 1919

En ce moment, la vallée la plus profonde et la plus reculée se couvre de verdure, – la rapidité avec laquelle tout, ici, se transforme sous l'effet de la pluie tient presque du miracle ; les Ngong Hills et la réserve, qui étaient pelées comme un tapis-brosse, resplendissent du vert le plus délicat et le plus magnifique, et le *shamba* tout entier est en fleurs. Si seulement cela pouvait durer… Ici, c'est magnifique, c'est le paradis sur terre lorsqu'il pleut suffisamment. Et, dans les temps de détresse, on en vient d'une certaine façon à aimer plus encore ce pays si peu docile ; j'ai le sentiment qu'à l'avenir, où que je puisse être au monde, je me demanderai toujours s'il pleut à Ngong.

Malgré d'innombrables investissements, la plantation reste déficitaire. Dépêché par la famille de Karen, qui a investi beaucoup d'argent dans la plantation, son oncle se rend sur place en 1921. Son verdict est sans appel : Karen doit remplacer Bror à la direction de l'affaire. Bien que celle-ci défende son mari, il est écarté et le frère cadet de Karen, Thomas, viendra l'épauler durant deux ans. Loyale à un époux pourtant volage et incompétent, Karen trouve cruelle l'intransigeance de sa famille et implore directement sa mère : « […] rappelez-vous toujours, lorsque vous écrivez, que c'est un cœur que vous touchez. Et puis, n'oubliez pas que je suis très loin de vous ; tout produit un effet bien différent à cette distance. Comme dit Cyrano :

"Je mourrai si, de cette hauteur,
Vous me laissez tomber un mot sur le cœur." »

La famille finit par l'emporter, et Karen Blixen consent, non sans regret, à se séparer de son mari. Elle lui attribue l'initiative du divorce pour défendre son honneur.

Ngong, 23/1/22

Ma très chère maman,

Je voudrais t'écrire pour t'expliquer un peu ce qu'il en est entre Bror et moi depuis que je suis arrivée ici. Car je crois que nous allons devoir divorcer et il n'y a pas besoin d'en faire mystère, même si je ne souhaite guère qu'on en parle à des personnes étrangères à la famille. Si nous en arrivons là, c'est parce que Bror le désire et parce qu'il croit certainement qu'il pourra se forger un meilleur avenir si nous sommes divorcés et pense sans doute être plus heureux ainsi.

J'ai toujours dit, et tu le comprendras facilement si tu essaies vraiment de te mettre à ma place, que jamais de la vie je ne demanderai le divorce ou ne tenterai de l'obtenir contre la volonté de Bror. Je ne sais pas comment il est possible de faire une chose pareille, si ce n'est sous l'emprise de la fureur ; or, même s'il m'est arrivé d'être en colère contre Bror, ou peut-être plus exactement d'être exaspérée par sa façon de se comporter, il y a malgré tout bien trop de choses qui nous attachent l'un à l'autre et qui datent de toutes ces années pendant lesquelles nous avons été seuls, ici, face à toutes sortes de difficultés, pour que je puisse prendre moi-même l'initiative de mettre fin à ce qui aura, de toute façon, été une très sincère camaraderie. [...]

Je sais qu'il est facile, lorsque l'on est réuni et que l'on s'entretient les uns avec les autres, de se conforter mutuellement dans une opinion qui n'a rien à voir avec la réalité. Vous ne devez donc former aucun projet, de quelque nature que ce soit, à mon intention, même si, entre vous, vous pensez que ce serait ce qu'il y aurait de mieux pour moi, et même bien préférable à ma vie ici. C'est quelque chose d'impossible, de tout *simplement irréalisable.* Je ne peux pas rentrer à la maison, si je dois quitter ceci *je ne pourrai pas* vous revoir. Je sais, tu dois bien le comprendre, que vous m'accueillerez avec beaucoup d'affection et de sympathie. Mais ce ne serait pas assez. Et cela ne vous causerait pas la moindre joie.

Je n'écris ceci que parce que je tiens à te *l'avoir dit.* Ma chère maman, tu comprendras certainement que je désire beaucoup que tu me comprennes vraiment jusque dans les plus petites choses au monde. [...]

J'aime même bien plus que je ne saurais le dire ma maison, mon jardin et toute la ferme ; j'ai ici le sentiment, que l'on ressent bien peu fréquemment chez nous, d'avoir créé cela moi-même et que cela fait partie de moi. Si jamais tu viens ici, ce qui serait pour moi la plus grande joie imaginable au monde, tu auras certainement la même impression et tu comprendras que, d'une certaine façon, je suis devenue ici ce à quoi j'étais destinée et certainement quelque chose de plus grand que vous ne le croyez, à la maison. Et si toi, et vous tous, vous pouviez un jour tirer de moi un peu de joie et de fierté, – car je vous en ai donné bien peu jusqu'ici, – ce serait pour moi le plus grand bonheur que je puisse connaître...

Il faudra près de trois ans pour que Ingeborg Dinesen rejoigne sa fille au Kenya. Elle passe deux mois auprès d'elle et repart le 13 janvier 1925.

Ngong, 14/1/25

Ma très chère maman,

Depuis que j'ai vu ton visage chéri disparaître avec le train, je me réjouis chaque jour à la pensée de le revoir sous la véranda de Rungsted, ce qui ne devrait pas beaucoup tarder. Lady Mac Millan m'a obligée de m'éloigner avant que tu n'aies totalement disparu ; les Anglais ont une superstition qui leur interdit de voir la toute dernière image de quelqu'un, et puis c'était très gentil de sa part de venir nous accompagner, mais j'aurais quand même bien voulu te voir une seconde de plus. Elle m'a forcée à venir avec elle jusqu'à Chiromo mais, là, j'ai réussi assez rapidement à me libérer.

Dans la voiture, sur le chemin du retour, j'ai eu le sentiment que je n'allais pas pouvoir supporter le vide que tu laisses derrière toi ; mais, lorsque j'ai pris le virage et que j'ai vu la maison, il est arrivé cette chose curieuse que j'ai eu l'impression que j'allais t'y retrouver, – et cette impression n'a pas cessé depuis. Maintenant, je comprends vraiment pourquoi l'on dit que la maison dans laquelle votre mère a séjourné est *for ever blessed**, et à quel point cela peut être vrai. Tu es dans la véranda et sur le banc de pierre. Tu es en train de coudre dans la

* « Bénie pour toujours. »

salle de séjour et tu viens à ma rencontre en sortant de ma chambre. Tout ce pour quoi j'avais de l'affection, auparavant, a maintenant pris une valeur nouvelle et tout à fait merveilleuse parce que tu as toi-même posé tes yeux dessus et que c'est maintenant cher à ton cœur également. Je ne serai plus jamais seule dans cette maison. [...]

Aujourd'hui, j'ai reçu un télégramme de Repsdorph m'informant que j'avais obtenu le divorce ; il est étrange de recevoir une telle nouvelle le jour du 11e anniversaire de son mariage.

À part cela, je n'ai pas grand-chose d'autre à te dire. Je voudrais seulement te remercier encore une fois – ou plutôt des milliers de fois –, d'être venue jusqu'ici ; je ne l'oublierai jamais. À partir du moment où j'ai eu la surprise de voir ton visage dans la voiture, et jusqu'à la toute dernière minute, les heures et les jours ont constitué pour moi un véritable trésor, un immense trésor qui est mon bien et que je ne pourrai plus jamais perdre. Ici, tout a maintenant du sens et possède un éclat semblable à celui du soleil, le soir, sur les Ngong Hills ; de ta main légère et chérie, tu as accordé toutes les différentes cordes qui vibrent ici et dans ma vie, et celles-ci jouent maintenant à l'unisson – et, pour tout, pour chaque parole que tu m'as dite et chaque regard que tu as posé sur moi, je te suis plus reconnaissante que je ne pourrai jamais le dire. Maman chérie, chérie, lorsque je lève les yeux, en ce moment où je t'écris, il me semble que tu es là, que j'entends tes pas et ta voix, et que tu dois *certainement* être dans la maison – et tu y es vraiment ; « grand est le pouvoir de l'esprit », nous le savons bien et pourtant nous continuons obstinément, pour notre propre malheur, à ne prendre en considération que les réalités physiques. [...]

Quant à moi, je ne te dis pas « au revoir ! » car, lorsque je lève les yeux, tu me regardes.

Merci, merci et merci encore, tant que je vivrai, d'être venue.

Tanne

En janvier 1927, Ingeborg Dinesen rend visite une seconde fois à sa fille et séjourne plus de trois mois à la ferme. La plantation est finalement vendue en 1931, Karen rentre alors au Danemark et elle commence à rédiger des contes. Sa mère décède en janvier 1939 et Karen devient « la dame de Rungstedlund », la demeure de sa famille. Quelques mois plus tard, elle écrit à un parent : « Tout le monde est extrêmement gentil avec moi et j'ai l'impression que toute cette vieille maison que j'aime fait bloc autour de moi pour me protéger et, chaque jour qui passe, j'ai le sentiment que maman est toujours présente ici et dans tout ce qui s'y déroule. Et puis le printemps rend tout si merveilleux : le matin, les étourneaux chantent devant ma fenêtre, les fleurs poussent dans le jardin comme les autres années et tout est encore plein de la présence de maman, de sa paix et de sa bénédiction. [...] En réalité, ce qui m'est pénible, ce n'est pas l'absence de maman ou de tous ceux qui sont morts mais bien les rapports que j'entretiens avec la vie, et avec les vivants, ainsi que les doutes que je nourris quant à savoir si j'ai vraiment encore ma place parmi eux... »

T. E. Lawrence

« Ne te rends-tu jamais compte que nous t'aimons sans te le dire ? »

Distance

C'est à l'âge de dix-sept ans que le futur Lawrence d'Arabie, Thomas Edwards Lawrence (1888-1935), apprend qu'il porte un nom de famille inventé pour dissimuler un scandale. Son père s'appelle en réalité Sir Thomas Chapman et sa mère, Sara Junner, est l'ancienne gouvernante des filles qu'il eut de son épouse légitime. Thomas Edward est profondément marqué par ce secret qui lui inspire une grande culpabilité. Malgré cette situation peu conforme aux normes de l'Angleterre victorienne, sa mère, puritaine, lui prodigue une éducation très stricte. Elle l'influence profondément, allant jusqu'à lui transmettre un goût de l'ascétisme qui sera déterminant dans sa vie d'adulte et, durant sa jeunesse, Lawrence se confie volontiers à elle.

Hôtel Bellevue Le Petit-Andelys
Septembre 1910

[...] C'est absolument fantastique d'avoir trouvé de bons livres français. Maintenant, je peux lire Molière, Racine, Corneille et Voltaire : – tout un monde nouveau. Tu connais, je pense, la joie de pénétrer dans un pays inconnu par la grâce d'un livre : à la maison, une fois ma porte fermée et la ville endormie – sachant que rien, et pas même l'aurore – ne me dérangera derrière mes rideaux : rien que le lent écoulement des charbons dans le feu : ils rougeoient si fort, projetant sur l'Hypnos * et les cuivres, de merveilleuses petites lumières dansantes. [...] Pourquoi n'a-t-on point de goût pour les choses lorsqu'on a des gens autour de soi ? Pourquoi ne peut-on donner la vie à ces livres que la nuit, une fois passées les heures de tension ? Et tu sais aussi bien que ces livres doivent être les tiens propres, et qu'il te faut les relire plus d'une fois. Je pense qu'ils captent quelque chose de ta personnalité, tout comme de ton environnement – tu sais qu'un livre d'occasion est parfois bien plus vivant qu'un livre neuf – et il est presque redoutable de penser que tes idées, que toi-même, dans tes livres, pouvez animer des générations de lecteurs quand tu seras tombé dans l'oubli. C'est cela même qui crée en toi le besoin d'avoir de bons livres : des livres dignes de ce que tu y mettras. Que penserais-tu d'un grand sculpteur qui gaspillerait ses dons en modelant de l'argile ou du sable ? On devrait mettre l'imagination dans les coffrets les plus précieux, c'est pourquoi on ne peut vivre que dans l'avenir ou dans le passé, en Utopie, ou dans le bois par-delà l'univers.

Père ne veut rien savoir de tout cela, mais si tu mets la main sur le livre voulu au moment voulu, tu goûtes des joies – pas seulement du corps charnel, mais aussi de l'esprit, qui t'élèvent et te font transcender le véritable moi comme à travers de vastes espaces, dans le sillage de lumière tracé par les idées d'une autre créature humaine. Et jamais tu ne pourras redevenir tout à fait qui tu étais auparavant. Tu en as oublié une bribe : ou plutôt tu l'as

* Une sculpture en bronze représentant la tête d'Hypnos, dieu grec du sommeil, qu'il avait achetée à Naples l'année précédente.

éliminée avec un brin d'intuition de la part d'immortalité en celui qui t'a précédé sur la route.

NED *

Lawrence a étudié l'archéologie à Oxford et rédigé sa thèse sur l'architecture militaire au Moyen-Orient, où il est en poste à partir de 1910. Après le début de la guerre de 1914, il est envoyé au Caire comme officier de renseignement. La personnalité de Lawrence s'est affirmée et la rigueur domine sa vie : il est végétarien, et s'entraîne à résister à la souffrance, notamment en pratiquant l'auto-flagellation.

En 1915, deux de ses frères, William et Franck, sont tués en France. Il écrit à son ami E. T. Leeds : « Ils étaient tous deux plus jeunes que moi, et d'une certaine manière, il ne semble pas juste que je continue à vivre, moi, paisiblement au Caire. » Auprès de sa mère, il reste bavard lorsqu'il s'agit d'évoquer son travail ou la situation politique, mais il n'évoque plus ses sentiments.

La distance est désormais de mise, et même dans ces circonstances tragiques, il l'encourage à la retenue.

* Surnom de Lawrence enfant.

Bureau de renseignements militaires
Le Caire (1915)

Pauvre chère mère,

J'ai reçu ta lettre ce matin, et elle m'a profondément affligé. Jamais, jamais, tu ne *comprendras* donc aucun d'entre nous dès que nous avons quelque peu grandi. *Ne te rends-tu jamais compte* que nous t'aimons sans te le dire ? Je me sens tellement minable et méprisable d'avoir à m'en expliquer ainsi. Si seulement tu savais que lorsque l'on réfléchit en profondeur, on préférerait mourir que d'en parler. Tu sais que les hommes meurent presque tous en riant, parce qu'ils savent que la mort est quelque chose de très redoutable et qu'il faut l'oublier jusqu'à ce qu'elle soit survenue.

Bon, mets ça de côté pour ce qui est de Franck, garde vaillamment la face aux yeux du monde. Par ces temps d'effroyable tension, dans notre pays, le devoir de chacun est de se montrer vigilant, de crainte que parmi les plus faibles, quelqu'un ne soit choqué : et tu sais que nous avons toujours compté parmi les plus forts, et si on te voit abattue, ils se mettront tous à craindre pour ceux des leurs qui se trouvent au front.

La dernière lettre de Franck est très belle *.

Ici, nous ne faisons rien. Il règne officiellement une inertie contre laquelle on ne peut vraiment rien. Mais je

* La lettre trouvée sur la dépouille de Franck commençait en ces termes : « *J'écris cette lettre en la fondant sur l'hypothèse que j'ai été tué, et je la traiterai donc sous cet angle. Je suis heureux d'avoir été tué, pas tant pour mon pays que pour les torts nombreux responsables de la déclaration de cette guerre et également pour ceux qu'elle a inspirés. Je ne pense pas que nous puissions apprécier son but global dans cette vie, mais il y a tout de même un but…* »

ne pense pas que nous allons attendre beaucoup plus longtemps.

Je ne suis pas allé dire au revoir à Franck parce qu'il préférait que je m'en dispense, et je savais qu'il y avait peu de chances que je le revoie ; auquel cas, il valait mieux pour nous ne pas nous être dit adieu.

TEL

En 1916 éclate la révolte arabe. T. E. Lawrence la soutient et rejoint le prince Fayçal dans sa lutte contre les armées turques et allemandes ; il participe activement à la prise d'Aqaba puis à celle de Damas en 1918. En 1919, il est à Paris afin de participer aux négociations du traité de Versailles. Puis, au sein du Colonial Office, il élabore avec Churchill un statut d'auto-détermination des pays arabes sous mandat britannique. En 1922 paraît son œuvre-clé, Les Sept Piliers de la sagesse. *Lawrence souhaite alors redevenir anonyme et s'engage dans la Royal Air Force sous un pseudonyme. Ses idées sur les hommes se précisent de plus en plus.*

(Londres, 15 février 1922)

[…] (Au sujet de la bague : ne t'inquiète pas. Rien de ce qu'a fabriqué l'humanité ne vaut le moindre regret. S'il t'en faut une autre, fais-le-moi savoir et je te l'enverrai. Il y en a des milliers à Londres, et le fait qu'elles soient neuves n'a aucune importance : lorsqu'on perd un objet, est-ce qu'on perd du même coup ce que l'on y attache ? Cela n'aurait ni rime ni raison. Tu peux transférer tout cela à ton doigt lui-même, ou à quelque chose d'autre, puisque c'est le fruit de ton imagination qui a tout pouvoir sur elles et sur toi.) [...]

Fais-moi savoir de temps à autre, s'il te plaît, ce que vous fabriquez tous les deux. Il est étrange, tu sais, qu'il soit à ce point impossible d'être tout à fait seul. C'est l'unique expérience à laquelle l'humanité n'a jamais cherché à mener : et je suis bien certain que nous pourrions seulement y parvenir au milieu d'une foule de gens. La difficulté est de se prémunir de tout contact dans la foule : il y a tellement de gens qui essaient de vous parler et de vous toucher : et on est comme de l'électricité : un seul contact et vous êtes déchargé de toute la force que vous avez accumulée. De toute façon, rien de tout cela n'a vraiment d'importance.

N.

La mère de Lawrence rejoint son fils aîné, Bob, médecin et missionnaire en Chine. Les lettres que lui adresse Lawrence indiquent qu'il perçoit de plus en plus la vie avec noirceur, et le monde avec lucidité.

Clouds Hill, 18 août 1925

Voilà si longtemps que je ne t'ai écrit. Un jour, tu sais, je m'assiérai, fermerai boutique et plus jamais je n'écrirai de lettres, n'irai rendre visite à quelqu'un ni n'ouvrirai la bouche. Chaque jour, je trouve de plus en plus difficile de satisfaire aux exigences de l'existence.

La vie est le fardeau le plus lourd que nous ayons à supporter.

Et puis, tes lettres ont cessé. Peut-être que toi aussi, tu ressens cela ? Ou bien cette nation chinoise a-t-elle interrompu les communications ? Bien sûr je suis ravi (sauf dans la mesure où cela peut déranger tes plans) de percevoir les signes de reviviscence d'une nation qui est, dans le monde, la dernière et la plus déconsidérée sur le plan politique. Le moment venu, si les puissances occidentales perdurent suffisamment, la Chine prendra conscience de sa personnalité propre, et rejettera tous ceux qui prétendaient la dominer.

Ma dernière lettre tendait à suggérer que tu éprouves le besoin de quitter ton lieu de résidence pour aller plus au sud et à l'ouest. Le réveil de la Chine se fera inévitablement à l'est et ensuite gagnera l'intérieur. [...]

Quelques mois plus tard, le détachement qu'il exprime depuis longtemps s'est renforcé, et s'étend désormais à l'ensemble de l'humanité.

28 décembre 1925

… Clouds Hill est très beau et me convient. Bien que je n'aie pas l'intention d'y habiter tant que je ne serai pas demeuré dans la Royal Air Force aussi longtemps qu'il me plaira. Tu sais que j'ai toujours désiré être dans la RAF…

Je t'ai envoyé un article du *Blackwood*, dans lequel Candler, un journaliste indien, a écrit sur moi un truc tout sucre et tout miel. Ne t'inquiète pas de ça – ni de moi – ni de quoi que ce soit. Les gens sont des êtres solitaires (et moi en particulier), et tant que ça n'est pas vrai, la louange ou le blâme que je reçois m'indiffère.

Tu parles de « partager ma vie » par correspondance : mais ça, je ne le permettrai pas. C'est mon affaire personnelle, à moi tout seul. Et personne ne peut ouvrir ou fermer le robinet de ce que l'on nomme *amour*. Je n'en ai absolument pas en moi-même, pour quoi que ce soit. Il m'est arrivé d'aimer des *objets* (pas des gens) et des *idées*. Maintenant, plus rien ne compte pour moi.

De 1926 à 1928, Lawrence est assigné en Inde ; puis il est obligé de rentrer en Angleterre à cause de rumeurs d'espionnage, et travaille pour l'Air Sea Rescue, organisme chargé de récupérer les pilotes tombés en mer. Il présente alors sa mère à son amie Charlotte Shaw, et lui écrit peu de temps avant : « Je me demande comment vous et elle, vous entendrez. Bien, j'imagine, car ma mère est remarquable et sort tout à fait de l'ordinaire. Rappelez-vous que c'est une enfant de l'Assistance publique de l'île de Skye, et qu'ensuite il lui a fallu se débattre toute seule. Faites la comparaison avec sa vie actuelle, et vous serez surprise. »

Malgré la fierté qu'elle lui inspire, Lawrence reproche à sa mère l'autoritarisme dont son affection est imprégnée, et, prenant la défense de son frère Arnold, il ne manque pas de prôner une nouvelle fois les vertus de l'éloignement.

Southampton, 27 septembre 1933

Pauvre Annie. Sais-tu que tu as tendance à le persécuter ? Les gens élevés ensemble, lorsqu'ils ont grandi, ont tendance à prendre leur famille en grippe. Je pense qu'Annie ne souhaite pas nous voir trop souvent, et le meilleur remède dans ce cas, est de se voir trop peu. Quand il se sentira à l'abri – certain que nous n'essayons pas de l'« atteindre » –, sa nervosité disparaîtra. Si l'un d'entre nous avait réellement besoin de quelque chose, nous nous entraiderions. Jusque-là, je t'en prie, laisse donc chacun s'occuper de ses propres affaires ! [...]

Son contrat avec la RAF s'achève en 1935, et Lawrence s'installe dans le Dorset. Le 6 mai, il écrit à son ami Bruce Rogers : « Je suis "sorti", maintenant, de la RAF, et je trône dans ma petite maison, plutôt étonné de découvrir ce qui m'est arrivé, ce qui m'arrive et ce qui va m'arriver. Pour le moment, j'ai le sentiment d'être complètement éberlué. C'est, j'imagine, ce que les feuilles tombées de leur arbre doivent ressentir jusqu'à leur mort.

Une semaine plus tard, il est victime d'un accident de moto et décède le 19 mai, à l'âge de 46 ans. Seul son frère cadet Arnold est présent à ses funérailles, sa mère se trouvant toujours en Chine avec son frère aîné.

Gustave Moreau

« Oui, chère maman chérie, tu m'auras toujours près de toi et tu n'auras jamais besoin de personne d'autre.... »

Adoration

Adoration Adoration Adoration Adoration

En 1840, la mort de sa sœur Camille, âgée de 13 ans, fera de Gustave Moreau (1826-1898) un enfant unique que ses parents ne cesseront jamais de cajoler. Sa mère, Pauline, dorlote inlassablement cet enfant qui a dû être retiré du collège pour cause de santé fragile. C'est probablement de cette mère, qui se qualifiait elle-même de « bonne musicienne et d'un caractère très impressionnable », que Gustave Moreau tient son extrême sensibilité. Elle l'aide à se consacrer pleinement à son art en le déchargeant de tous les soucis domestiques En 1857, à trente ans, il la quitte pour la première fois de sa vie et se rend en Italie où il passe des mois à recopier les fresques de la Chapelle Sixtine. Leur correspondance révèle un attachement sans mesure.

Rome, 30 octobre 1857, vendredi

Chère mère que j'adore, que j'ai été heureux aujourd'hui en allant mettre une lettre pour vous à la poste, d'en trouver une que vous m'adressez ici, poste restante. Que cela m'a fait du bien d'avoir ces quelques lignes venant de vous et qui m'apportaient un peu de votre vie et de vos pensées. [...]

Vous m'aimez trop, chers parents aimés, et j'en souffre, car fais-je assez pour vous en vous aimant comme je vous aime et ne devrais-je pas vous apporter une plus grande partie de mes pensées et de ma vie ; ce que je vous en enlève me paraît un manque de tendresse de ma part, et me fait souvent regretter d'avoir une passion qui absorbe tant mon être. [...] Chère mère, dorénavant, tu auras tous les jours, ou à peu près, avec une date en tête, quelques lignes de souvenir et de tendresse ; ce sera comme un petit journal où tu pourras voir ton cher fils à tous les moments de sa vie loin de toi. Cette façon de s'écrire aura en outre cet avantage que je pourrai ainsi me livrer à bâtons rompus à tous mes épanchements et à toutes mes impressions de quelque nature qu'elles soient : gaies, tristes, artistiques, graves, futiles, légères, etc, etc. Ce soir je me couche et je t'embrasse ainsi que le gros père chéri à qui je souhaite une bonne nuit. Chéris je vous aime !

De son côté, Madame Moreau se procure des plans de la ville de Rome, afin de pouvoir imaginer au mieux la vie de son fils. Le 6 novembre 1857, elle lui écrit :

« Tu vas retomber avec moi dans des pensées bien différentes de celles qui constituent le sujet de la lettre entière de ton père ; je ne suis pas assez à votre niveau en fait d'art pour qu'en ce moment je sente autre chose que la privation de mon fils et le bonheur que j'aurais à le presser sur mon cœur. Tout m'est indifférent hors sa santé, son bien-être, son contentement ; et cette vie de Rome qui fait bondir de plaisir ton père n'a d'attrait pour moi que par ce que je serai près de toi ; tous les détails que tu nous donnes me rassurent, et sauf cette détestable nourriture, je serais satisfaite ; si ton estomac n'en souffre pas, tout sera encore pour le mieux. Je cherche à me figurer ta chambre, tes arrangements, la rue ou la vue que tu vois de

ta fenêtre, l'ameublement et cette povera vecchia qui te sert et te soigne. »*

La crainte est réciproque chez les Moreau ; les parents s'inquiètent tout naturellement pour leur fils ; et tout comme eux, il se soucie constamment de leur santé, traitant parfois sa mère comme si elle était elle-même une enfant. Le 10 décembre, il clôt sa lettre en ces termes : « Je n'ai donc plus qu'à dire des câlineries à maman chérie, à mon petit poulet, mais non il ne le faut pas. Qu'elle ne croie pas, la petite mérote, à de la mélancolie chez son cher enfant, il n'a pas le temps. Je t'embrasse maman, comment es-tu habillée tous les jours ? Qu'est-ce que tu fais pour occuper ton activité, comment es-tu moralement, tu ne m'en dis rien ? Dors-tu bien et ton gros ventre ? Ma bonne mère chérie, un bon baiser pour toi. »

Le 19 décembre 1857

Pour Maman !

Maman, maman, toutes mes longues tirades d'art m'ont, je le vois, fait ta part trop petite aujourd'hui. Ma chatte, ma mère, que j'aime tant. J'aurais voulu te dire quelque chose de mon petit train-train qui t'intéresse avant tout, cher bijou. Je vis toujours de même. Je vais bien, sauf des rhumes qui se succèdent ici d'une façon malheureuse. Je me porte à ravir, jamais le coffre n'a été

* « Pauvre vieille. »

aussi bon. Je n'engraisse, ni ne maigris ; ce qui me fait plaisir, car je ne tiendrais pas trop à t'offrir des joues de poupard à embrasser quand je te tiendrai dans mes bras, ma biche chérie.

Enfin, que veux-tu, le temps passe et marche. Je ne suis ni gai, ni triste. Je ne pense jamais à rien qu'à ma besogne ; je me suis fait une machine à peinture, machine intelligente cependant, j'espère. [...]

Adieu maman, je t'embrasse dans ton cou ; sois gaie, sois contente, ton fils va bien et t'aime à l'adoration. Tiens-toi bien pour le premier assaut ; pauvre chère mère, tu seras dévorée de baisers.

Le 14 janvier 1858

[...] Songe que tu as pour vivre heureuse ton mari et ton cher fils qui en vieillissant deviendra pour toi la plus douce et la plus constante société. Oui, chère maman chérie, tu m'auras toujours près de toi et tu n'auras jamais besoin de personne d'autre ; mais, comme tu dis, laissons cela. Sais-tu, maman, que tu vas retrouver une jeune fille pour la sagesse et la régularité de l'existence ? Mais aussi trouveras-tu bien cette douceur de caractère que je voudrais tant apporter dans nos rapports ? Malheureusement, peut-être pas tout à fait. Cela, mère chérie, tient à tant de raisons que j'aurais bien de la peine à n'être toujours aussi égal et doux qu'il le faudrait avec un ange comme toi. Ma carrière, les difficultés et les irritations que j'y trouve sont trop souvent la cause de ces inégalités d'humeur.

Mais quand je te serrerai, ma mère chérie, ma petite Paulinette, tu auras bien au moins six grands mois devant toi avant de retrouver le fils grognon et un peu bourru des anciens jours. [...]

Dans une lettre datée du 12 février 1858, Madame Moreau s'avoue nostalgique des caresses prodiguées à l'époque où son fils n'était qu'un enfant : « Cependant, j'aurai toujours bien de la peine à ne pas vouloir te prendre sur mes genoux et te bercer comme mon petit amour de Gustave, et à t'entourer de tous mes soins comme dans ton enfance. Mille tendres baisers, adieu mon chéri Tatave. » Gustave n'est pas davantage prêt à y renoncer :

Le 7 mai 1858

[...] Je ne suis pas misanthrope, maman chérie, du tout, mais j'ai bien certaines idées sur ma vie, et sur mon avenir dont nous parlerons bientôt. Du monde nous en parlerons aussi, de la société à voir et de bien d'autres petites modifications à apporter à tout cela. Je me fais homme, vois-tu, sans que cela paraisse, et cela ne paraîtra jamais pour vous deux car j'aurai toujours pour vous la tendresse chatte et caressante et les douceurs de cœur de la première enfance, mes bons chéris. [...]

Gustave Moreau ne connaîtra le succès qu'en 1876, grâce à son tableau L'Apparition. *Durant les dernières années de sa vie, Pauline Moreau devient sourde, et son fils se sert de petits papiers pour lui expliquer la signification de ses tableaux. Son décès, en 1884, plongera Gustave dans un profond désespoir, et à compter de ce jour, il mènera une existence solitaire.*

Peu de temps avant sa mort, le peintre fait le vide dans son hôtel particulier de la rue de La Rochefoucauld. Il a décidé de le léguer à l'État afin qu'il devienne un musée.

Le 20 avril 1897, il avait écrit : « Toutes mes lettres seront brûlées » ; mais cette volonté ne se retrouvant pas dans son testament, elles seront épargnées.

Paul Léautaud

« Ce que je voudrais de vous, ce serait une pensée de tendresse, une parole de la mère à son enfant, un mot qui me montre que, quelquefois, tout de même, vous pensez à moi. »

Détresse

Souffleur à la Comédie-Française, Firmin Léautaud séduisit de nombreuses femmes. Parmi ses conquêtes, deux sœurs, Fanny et Jeanne Forestier, lui donneront chacune un enfant. Paul Léautaud (1872-1956) est le fils de Jeanne, qui l'abandonnera cinq jours après sa naissance et ne lui rendra ensuite que de rares visites. À partir de 1895, elle refait sa vie avec un médecin genevois. La mort de sa tante, Fanny, en 1901, donne l'occasion à Paul de revoir sa mère, après vingt ans de silence : retrouvailles d'abord distantes, puis exaltées. Juste avant de repartir pour Genève, Jeanne donne rendez-vous à son fils à la gare, pour lui consacrer les deux heures dont elle dispose. À l'heure convenue, aucun signe d'elle. Lorsque Paul finit par la retrouver, quelques minutes avant que son train ne parte, elle est entourée de connaissances et le traite comme un étranger. Il lui écrit pour la première fois le lendemain.

Paris, le 28 octobre 1901

Maman,

Combien vous m'avez fait de la peine, pour une fois. Depuis vingt ans, que je vous ai vue. Là-bas, chez ma grand-mère, vous avez été si affectueuse, si gentille, m'embrassant, me souriant, me promettant, le samedi de mon départ, toute une soirée de tendresse, le lendemain, à Paris. Et voilà que, quand je suis parti pour Paris, c'est à peine si vous m'avez embrassé. Seul dans mon compartiment et grelottant, j'en ai pleuré comme un gosse, répétant ce mot, *maman*, que j'aurais tant voulu vous dire. Et voilà ensuite qu'hier au soir, quand je vous ai retrouvée à la gare de Lyon, après cette bien inexplicable non-rencontre à la gare du Nord, vous avez encore ajouté à toute ma peine. Aviez-vous l'air, en effet, quand je suis arrivé, d'une personne inquiète de quelqu'un qu'elle attend et qui ne vient pas ? Vous regardiez simplement sur le quai et quand vous m'avez vu, vous n'avez eu aucun élan vers moi. Dans le wagon, vous avez parlé de tout cela comme d'un rendez-vous raté, vous m'avez embrassé une fois, et quand je pleurais, vous n'avez trouvé à me dire que ceci : « Je suis parmi des tas de gens que je connais, et qui vont à Genève comme moi. » J'aurais été vraiment bête si je n'avais pas compris qu'il fallait que je partisse. Ah ! songez-y ; je ne vous avais pas vue depuis vingt ans, et depuis dix ans, chaque année, je souhaitais ce moment qui, hier, m'a donné tant de chagrin. N'eussiez-vous pas mieux fait de me dire, chez ma grand'mère, que vous ne pouviez plus avoir avec moi aucune intimité. Je l'aurais si bien compris. Au lieu que vos paroles affectueuses et vos baisers en cachette m'ont monté la tête et que j'ai cru que j'allais retrouver tout entière ma chère maman tant désirée.

C'est ma faute aussi ; j'ai gardé un cœur sensible à l'extrême, quand je vous embrassais c'était encore un peu le petit garçon que j'ai été qui s'émotionnait en moi et j'aurais voulu le redevenir pour tenir plus entièrement dans vos bras. Tandis que vous, au contraire, depuis si longtemps, n'aviez presque plus rien, à mon égard, d'une maman. Je ne vous ai pas plu. Je l'ai bien vu, et ça a été pour beaucoup dans votre manière d'être. Mais moi, je vous ai retrouvée presque la même, presque pas différente de ce visage que m'offre un portrait de vous qui, depuis dix ans, est là sur ma table. Et puis, à cause de tout cela, je me demandais tout à l'heure si je devais vous écrire. Je me disais, si j'écris j'ennuierai, je ne pourrai pas écrire sans tendresse – et si je n'écris pas, on ne manquera pas de prendre cela pour de l'indifférence et de me la reprocher. Alors j'ai voulu vous écrire, une dizaine de lignes... Combien j'ai été plus loin, et combien j'écrirais encore, si je ne me retenais. Maman, ma chère Maman, depuis si longtemps, si longtemps, qu'il m'aurait été doux de vous aimer un peu. Il n'en a rien été, comment ? Je ne me l'explique pas ou préfère ne pas me l'expliquer. Moi qui, hier, avais fait un peu de toilette et étais même allé jusqu'à vous acheter des fleurs ! Je les ai laissées sans rien dire sur la banquette du wagon, tant votre insistance à me dire vous m'emplissait de timidité. Pourquoi suis-je allé à Calais, rêvant de vous y voir ? La parole a raison, qui dit que le malheur est à la porte de notre chambre. « Pauvre garçon », m'avez-vous dit hier. Oui, pauvre garçon. Avoir grandi tout seul, élevé par des mains étrangères *, avoir songé tout seul à tant de choses, avoir gardé en soi, si longtemps, sa tendresse et ses désirs, être seul et retrouver un jour sa mère, comme je viens de vous retrouver, cela, en effet, est bien d'un pauvre garçon.

Et dire qu'il me faut retourner à Calais ce soir. Comme j'enverrais tout au diable, si je ne me raisonnais ! Car, c'est honteux à dire, c'est uniquement pour vous que j'étais accouru là-bas. Hélas ! Je n'en ai rapporté qu'un chagrin qui n'est pas près de me quitter, avec le goût que j'ai de tout augmenter par la réflexion. Mais pourquoi écrire plus longtemps ; pourquoi même

* Après avoir été mis en nourrice jusqu'en 1874, Paul a été élevé par la « vieille bonne » de son père, Marie Pezé.

ai-je écrit tout cela. Chère maman, si loin, et que peut-être je ne reverrai jamais, ou dans si longtemps ! Au revoir, adieu, lequel des deux ? Je vous embrasse du plus profond, du plus tendre, du plus douloureux de mon cœur. Et pardonnez-moi.

P…

Une correspondance soutenue s'installe, et Paul laisse libre cours à ses sentiments. Le 30, il écrit à sa mère : « Hier, j'ai lu et relu votre lettre comme un amoureux un billet doux ; et le soir, en me couchant, j'ai voulu la relire encore. » Puis le 8 novembre : « On ne m'a jamais appris à vous aimer et pourtant depuis longtemps je vous aime par-dessus tout. Vous-même ne pourriez rien faire contre cet amour. » Pour sceller leur complicité, Jeanne renvoie à son fils la moitié du bouquet de violettes qu'il lui avait offert à la gare. Il lui écrit alors : « J'ai mis les violettes avec vos lettres. Quelqu'un qui verrait ces fleurs et cette correspondance me prendrait certainement pour un amoureux ; et le fait est que je ne suis pas bien loin d'y ressembler. » Déconcertée par cette fougue, sa mère fait observer à son fils que sa correspondance « est parfois si équivoque qu'elle en deviendrait dangereuse. » Elle lui ordonne alors de renvoyer ses lettres afin qu'elle les détruise. Comme il persiste à ignorer cette requête, elle finit par le menacer de rester silencieuse tant qu'il n'y aura pas consenti.

Paris, le 2 février 1902

Ma chère Maman,

Je n'ai jamais rien feint avec vous, et si je vous ai écrit comme je l'ai fait, depuis quelques jours, c'est que j'espérais vous fléchir et que vous me pardonneriez et que vous oublieriez la désolante demande que vous m'avez faite. Je vois bien maintenant qu'il n'en sera rien et le chagrin n'est pas petit que j'éprouve à voir que mes prières n'ont eu aucun effet sur vous. Ça n'aura pas duré longtemps, notre joli roman d'amour, comme vous disiez au commencement, quand vous vous montriez ma vraie maman et que vous me disiez de vous dire tout, certain que je pouvais être d'être toujours pardonné. Ça n'aura pas duré longtemps, et nous allons redevenir ce que nous étions autrefois, il y a trois mois. Quel courage, quelle fermeté vous avez, et comme on voit bien que je serai seul à en souffrir. Mais ce ne sont pas des plaintes que vous attendez de moi, et je ne dois plus espérer vous toucher. Si j'avais dû y réussir, ce serait déjà fait.

Je vous dirai donc, ma chère maman, qu'il m'est tout à fait impossible de vous rendre vos lettres. Cela m'est impossible parce que je ne veux pas me faire moi-même de la peine. La vie se charge assez elle-même de me procurer des chagrins ; je n'ai pas besoin de l'aider. Une souffrance que je me serais causée moi-même me serait deux fois une souffrance. Merci donc de l'occasion. J'ai eu le malheur irréparable d'être privé de vous pendant à peu près trente années. Je vous ai retrouvée uniquement parce que j'ai tenu à aller à Calais, où je pensais bien que je vous verrais ; sans cela, sans cette action de ma part, je ne vous aurais presque sûrement jamais revue. Vous m'avez écrit depuis une vingtaine de lettres qui m'ont été, quand je les ai lues, et qui me sont encore, quand je les relis, malgré votre changement, une sorte de compensation à mes années d'enfance et tout un petit bonheur. Et j'irais vous les rendre, comme ça, du jour au lendemain, et j'abandonnerais le seul bien que j'ai de vous, les seuls témoignages que j'ai de ma mère ! Voyons, est-ce possible, et ne serais-je pas fou de me désoler moi-même. Je ne vous ai pas forcée à les écrire, ces lettres. Vous les avez écrites parce que vous l'avez bien voulu. Vous avez, de plus, été certainement sincère en les écrivant, vous avez certainement pensé tout ce qu'elles contiennent, et vous ne pouvez pas regretter de les avoir écrites. Que les miennes vous aient déplu, soit ; mais que cela vous déplaise que j'aie les vôtres, voilà ce que je ne comprends pas. Je sais bien que c'est très laid et très mal de ma part de vous désobéir. Mais pourquoi voudriez-vous que je me fasse moi-même de la peine ? Si encore vous aviez invoqué votre sécurité, je comprendrais que vous fassiez appel à ma soumission et à mon obéissance et elles vous seraient tout acquises. Mais vous ne m'avez jamais parlé que de ce que vous appelez ma mauvaise façon d'interpréter vos lettres et je vous ai dit là-dessus combien vous vous trompiez.

Et puis, vous êtes trop sévère, ma chère maman, et surtout, vous l'êtes trop tout d'un coup. Moi, j'ai grandi tout seul, dans mon coin, sans autre affection, presque, que celle de ma vieille bonne, qui me laissait faire tout ce que je voulais. Quand elle mourut, ma solitude s'aggrava, ma solitude morale s'entend, et aussi, mon indépendance morale. À combien de choses j'ai pensé, pendant ces années, de combien de songeries était pleine ma tête d'enfant ! Vous ne l'avez jamais su et ne le saurez jamais. Il est trop tard, pour vous et pour moi, pour vous surtout, à cause de tant d'années d'ignorance l'un de l'autre. Je ne doute pas de votre cœur, allez ; je suis même sûr que vous êtes une mère parfaite. Mais si longtemps séparée de moi, vous ne pouviez m'aimer, comme ça, sans me connaître et la bonté qui est en vous a été pour d'autres qui n'ont jamais cessé d'être sous vos yeux.

Je ne sais donc pas très bien obéir, et cela m'est un peu inhabituel qu'on me dise : Paul, fais ceci, ou si tu ne le fais pas, tu n'auras pas cela. – J'ai trente ans, songez-y, et à cet âge déjà, on ne change pas facilement. Et puis, je vous le répète, je ne veux pas, moi-même, me causer du chagrin. Si je vous renvoyais vos lettres, je ne les aurais pas plus tôt mises à la poste que je m'en voudrais et serais plein de regret, comme quelqu'un qui laisse s'échapper un trésor. Je sais bien que vous allez me dire que ça m'est égal alors que vous ne m'écriviez plus. Mais vous savez bien vous-même quelle peine vous me ferez si vous ne m'écrivez plus. Ne recevant plus rien de vous, je n'oserai probablement plus vous écrire. Nous recommencerons à ne plus rien savoir l'un de l'autre. Les années passeront, nous vieillirons l'un et l'autre, chacun de notre côté, et un jour, l'un de nous apprendra que l'autre est mort. Si je vous disais que je pleure presque en vous écrivant, vous ne me croiriez pas.

Dire que je vous avais retrouvée, que j'avais pu vous embrasser, entendre votre voix ; dire que vous m'appeliez votre enfant, votre chéri et que j'espérais vous revoir, et que c'est fini, déjà.

Maintenant, d'ailleurs, après tant de dureté, pourriez-vous me dire encore des paroles de tendresse.

Je vous embrasse de tout mon cœur.

P.

Paul continue d'écrire à sa mère, mais elle ne lui répond plus qu'une fois, au mois d'avril. Le 23 mai, il tente une réconciliation : « Vous ne pouvez pas savoir ce que c'est que d'avoir grandi tout seul, de n'avoir jamais eu sa mère : on en garde pour toujours quelque chose de dur et de maladroit. » Mais Jeanne reste muette. Les lettres de Paul se succèdent, prenant la forme d'un sombre monologue. Inlassablement, il lui souhaite sa fête et lui écrit pour la nouvelle année. Le 31 décembre 1906 : « Je ne vous oublie pas, je vous aime toujours. » Pas de réponse.

Le 12 août 1907

Ma chère Maman,

C'est à vous que je pense ce soir. Après avoir travaillé toute la journée, comme je le fais depuis quelque temps, à corriger les épreuves d'un nouveau livre, je suis venu m'asseoir près de ma fenêtre. Devant mes yeux, le jardin des Frères Saint-Jean-de-Dieu s'étend, encore grandi par la nuit, comme un véritable parc. Il est onze heures du soir. Comme tout est silencieux, comme tout semble vaste, profond, infini. Que faites-vous, vous dont je suis revenu à ne plus rien savoir, à ne plus rien avoir, pas même un mot au moins chaque année, pour me dire que vous vivez ? Quelle histoire aura été la nôtre, y songez-vous jamais ? Moi, qui y pense sans cesse, par moments, de la façon la plus inattendue, chez moi, dans la rue, ou au milieu d'amis, en train de bavarder, que de fois il m'arrive, en y pensant tout à coup plus vivement, d'avoir le cœur soudain serré ! Votre fils * doit être grand, maintenant, tout à fait un jeune homme. Vingt ou vingt et un ans, n'est-ce pas ? Ah ! j'ai eu cet âge, moi aussi ! J'écrivis même alors à Fanny pour lui demander de vos nouvelles, et votre adresse, pour vous écrire. J'ai gardé la lettre, qu'elle me répondit, en me décourageant de songer jamais à vous revoir. Pauvre Fanny ! C'était donc elle qui avait raison. Le bonheur que j'ai eu de vous revoir à Calais m'a coûté si cher, si cher ! J'ai là une peine qui me durera toute la vie, vous savez. Songez aussi à ces accusations que vous avez portées contre moi ! Je crois vous l'avoir déjà dit, je n'ai pas encore lu votre dernière lettre, celle qui contient ces accusations. Quand elle m'arriva, je ne voulus pas la lire, je n'avais que déjà trop de déceptions. Mais je la fis lire par quelqu'un de confiance et l'on me fit comprendre ce qu'elle contenait. Alors, je la recachetai, et depuis elle est restée ainsi. Ah ! Voyez-vous, m'avoir soupçonné ainsi, m'avoir écrit ainsi que l'intérêt seul avait guidé toute ma conduite à votre égard, cela c'est l'irréparable. Vous n'avez pas beaucoup réfléchi, en écrivant ces choses. À défaut du sentiment, la réflexion vous aurait éclairée sur votre erreur. Moi qui ne vous avais jamais rien demandé, qui ne vous ai jamais rien demandé, qui ne vous demanderai jamais rien. Ce que je voudrais de vous, c'est trop beau, et vous ne pourriez plus me le donner, je le sais trop – hélas ! car ce que je voudrais de vous, ce serait une pensée de tendresse, une parole de la mère à son enfant, un mot qui me montre que, quelquefois, tout de même, vous pensez à moi. Déjà trente-six ans que je vis sans vous ! Vous êtes-vous jamais demandé quelle sorte d'esprit cette solitude avait

* L'enfant que sa mère a eu du médecin genevois Hugues Oltramare.

pu me faire, quelles réflexions avaient pu être les miennes ? Je vous devrai beaucoup de ce que je suis, vous savez, et des gens ont eu leur mère auprès d'eux qui ne lui doivent pas autant que je dois à votre éternelle absence.

Je ne voulais que vous écrire pour votre fête. Pardonnez-moi. Je couvre votre visage de baisers.

Voulez-vous une petite nouvelle ? Le fils de Louise a un fils, qui a déjà un an et demi. On lui a donné, sur mon désir, les prénoms de Jean-Paul. Me voilà oncle, déjà !

Dites bonjour pour moi à ma grand-mère.

P.

Le 17 novembre 1907, Paul Léautaud écrivait : « On trouvera bien des enfantillages de ma part, dans ces lettres. C'est que je me suis retrouvé si enfant quand je l'ai retrouvée, la créature à qui elles sont adressées !

Je donnerais d'ailleurs beaucoup pour les écrire encore. Comme la vie a passé depuis ! J'étais heureux, au moins j'avais l'illusion d'un certain bonheur. Ce fut un moment unique dans ma vie, et même le souvenir que j'en ai, il n'est aucune de mes autres émotions, amoureuses ou de succès littéraire, qui l'égale. » En septembre 1914, Jeanne est poignardée par sa bonne, qui la blesse grièvement. Paul écrit à son mari pour demander de ses nouvelles, et c'est elle qui lui répond quelques lignes, pour la dernière fois : « Je regrette que vous n'ayez pas adressé votre lettre à mon nom, en agissant ainsi, vous auriez épargné une santé qui a besoin d'un long et complet repos... » En 1930, il écrit : « *Ma mère. Trente ans après, je n'en suis pas encore consolé.* » Après sa mort, on retrouvera une petite boîte contenant des tiges de violettes desséchées ; sur l'étiquette : « *Fleurs envoyées par ma mère le 13 novembre 1901.* »

Gustave Flaubert

« Oui, pauvre chérie, va, aie bon espoir ; je te ferai de beaux récits de voyage, nous causerons du désert au coin du feu… Nous nous dirons : “Oh ! te rappelles-tu comme nous étions tristes !” et nous nous embrasserons, nous rappelant nos angoisses du départ. »

Mélancolie Mélancolie Mélancolie

Mélancolie

Mélancolie

Gustave Flaubert (1821-1880) grandit dans l'ombre de son frère aîné, Achille, destiné à devenir chirurgien comme leur père. En 1846, ce dernier décède, bientôt suivi par Caroline, la sœur chérie de l'écrivain, et ce double deuil le plonge dans une profonde douleur. Il décide alors d'aller vivre auprès de sa mère, dans la maison familiale de Croisset, en Normandie. Lui cachant sa liaison avec Louise Colet, il fait tout pour ménager cette mère possessive, mais leur relation reste sujette à des scènes que Flaubert met sur le compte de la maladie de nerfs qui le ronge depuis 1844.

8 heures (juillet 1848)

Tu t'ennuies, pauvre chère vieille, et moi aussi. J'ai été bien sot et bien égoïste hier, pardon, pardon, tout cela te fait trop de peine, je le sais bien. Mais si tu savais comme je souffre en ces moments-là, comme le cœur me bat – je te jure que je serai plus sage à l'avenir. Tu vois que je ne suis pas fier, que je reconnais mes torts. Je ne suis pas un homme fort tant s'en faut, la faute en est à mes maudits nerfs et puis on ne fait pas le métier que je fais sans s'en ressentir, on n'est pas toute la journée à se battre les flancs pour exciter sa sensibilité sans finir par en avoir une trop fine. Pense à cela et excuse-moi. Je voudrais que tu puisses savoir combien je te plains, va, espérons que ça ira mieux un jour, qui sait ? Reviens dès qu'*il** sera parti. – Si je m'écoutais, je t'écrirais une plus longue lettre, mais non, adieu.

Je t'embrasse avec tout mon cœur.

Ton fils qui t'aime.

Le 29 octobre 1849, Flaubert part avec son ami Maxime Du Camp en Orient, où il séjournera durant seize mois. Quitter sa mère est un déchirement, d'autant plus que Gustave culpabilise à l'idée de laisser seule cette femme à la santé fragile et au tempérament mélancolique.

Vendredi soir, 5 h et demie
(26 octobre 1849)

Une journée de passée, pauvre vieille. C'est sans doute la pire – comme tu as dû t'ennuyer aujourd'hui ! Je me figure ta bonne mine pensive… J'attends demain matin une lettre de toi, qu'elle soit bien longue. Écris-moi beaucoup, le plus que tu pourras.

Maxime m'a remonté hier soir en arrivant. J'en avais besoin. Il avait tellement prévu cela qu'il avait été dans la journée s'informer s'il y avait une diligence de nuit pour Nogent, il devait s'y mettre ce soir afin de me remmener samedi matin. Il est bien convenu entre nous que si, une

* Émile Hamard, qui avait épousé Caroline Flaubert.

fois l'Égypte vue, nous nous sentons fatigués ou que l'ennui de toi me prenne ou que tu me rappelles, je reviens. Ainsi ne te tourmente pas par avance, sois sans crainte, il me semble que l'envie de te revoir me ferait revenir à travers tout. Oh ! comme je t'embrasserai au retour, pauvre vieille !

Aujourd'hui, déjà, je suis mieux. Je ne voudrais pas pour cent mille francs ou n'importe quoi revenir à la journée d'hier. – [...] J'irai demain dire adieu au professeur et à Pradier, je t'écrirai et dimanche je t'écrirai encore, ensuite ce sera de Marseille, d'où tu recevras probablement 2 lettres. Au reste j'ai tort d'indiquer mes lettres, il en peut manquer.

Ce n'est pas de moi que je suis inquiet en partant, mais de toi. J'ai peur que ce voyage ne te rende malade ; soigne-toi bien, c'est-à-dire *fais-toi une raison*, comme on dit.

Adieu, pauvre mère, je t'embrasse, mille tendresses et mille caresses.

À toi,

Ton fils qui t'aime.

Dès le lendemain, il lui écrit de nouveau et achève sa lettre par :

Je pense à toi sans cesse, ton idée m'accompagne partout. Oui, pauvre chérie, va, aie bon espoir ; je te ferai de beaux récits de voyage, nous causerons du désert au coin du feu… Nous nous dirons : « Oh ! te rappelles-tu comme nous étions tristes ! » et nous nous embrasserons, nous rappelant nos angoisses du départ.

Allons, à demain ; tu voulais prendre le chemin de fer pour venir ici, et moi donc, quelles tentations j'avais de descendre aux stations ! Adieu, pauvre chérie, fais une petite risette, encore un bon baiser, bonne nuit, pauvre vieille.

Dans la lettre du lendemain, l'angoisse s'est dissipée avec l'imminence du départ et il plaisante avec sa mère :

« Songe aux belles choses que je vais voir, à toutes les gueulades que je pousserai. Il y a un danger que nous n'avions pas prévu, c'est que je n'en revienne fou ; ça serait une bonne charge. »

Flaubert se sent responsable de sa mère, et le 3 novembre, de Marseille où il s'apprête à embarquer, il l'encourage à se confier à lui : « Écris-moi des volumes, dis-moi tout ce que tu veux, épanche-toi. » Il s'inquiète à l'idée que sa mère ne s'inquiète, et ce cercle vicieux est présent tout au fil de ses lettres. De plus, il livre sans retenue à celle qu'il nomme « unique chérie de mon cœur » la triste vision qu'il se fait d'elle, livrée à sa solitude…

Le Caire, 14 décembre 1849.

[…] Si tu savais, chère vieille, combien de fois par jour, en voyant de belles choses, je te regrette et me figure ta mine garnie de lunettes, s'ébahissant à mes côtés ! – Aussi, de tout ce que je vois, je tâche de ramasser le plus possible pour t'en rapporter davantage. Comme nous causerons au retour ! Pauvre chère vieille, allons ! Allons ! Prends courage ! Ce temps qui te paraît si long maintenant, dans quelques mois, te semblera avoir passé vite ; tu ne te rappelleras plus alors que l'uniformité de ton inquiétude, sans toutes les intermittences qui peuvent maintenant en mesurer l'étendue. Quand je dis intermittences, je me trompe sans doute, car je suis sûr que tu ne désinquiètes pas et que, du matin au soir (et surtout du soir au matin), tu es à te creuser la tête pour imaginer un tas de dangers qui n'ont jamais existé que dans ta cervelle. – Ta lettre d'aujourd'hui, par exemple, me paraît plus triste que les autres. Comme tu vas t'ennuyer, à Rouen, dans cette petite maison ; comme tu vas regarder ton feu brûler et la pluie couler sur les carreaux ! […]

Le manque n'empêche pas les divergences d'opinion, et les mises au point qui s'ensuivent. Ainsi, le 23 février 1850, il lui écrit :

Ici, j'entame un chapitre sur lequel tu me parais revenir avec prédilection et auquel je ne comprends goutte. Tu ne sais que t'imaginer, pauvre vieille, pour te tourmenter l'esprit. Quel est le sens de ceci : qu'il faut que j'aie une place, « une petite place », dis-tu.

Et d'abord, 1° laquelle ? Je te défie de m'en trouver une, de spécifier en quoi, de quelle nature elle serait. Franchement et sans se faire illusion, y en a-t-il une seule que je sois capable de remplir ? Tu ajoutes : « qui ne t'occuperait pas beaucoup et ne t'empêcherait pas de faire autre chose. » Voilà l'illusion ! Voilà ce que s'était dit aussi Bouilhet en commençant la médecine, ce que je m'étais dit en commençant mon droit et qui a manqué me faire crever de rage contenue. Quand on fait une chose, il la faut faire en entier et la faire bien. Ces existences bâtardes où l'on vend du suif toute la journée et où l'on fait des vers le soir après le dîner sont faites pour les intelligences banales également bonnes à la selle et au cabriolet, pire espèce qui ne sait pas sauter un fossé ni tirer une charrue.

Enfin il me semble que l'on prend une place pour l'argent, pour l'honneur, ou pour fuir l'oisiveté ; or tu m'accorderas, pauvre vieille, que je m'occupe assez pour n'avoir pas besoin de chercher quoi faire, 2° si c'est pour l'honneur, *ma vanité est telle* que je ne me sens pas honoré par rien : une position si haute qu'elle soit, et ce n'est pas là ce que tu demandes, ne me donnera jamais la satisfaction que m'accorde ma propre estime quand j'ai troussé congrûment quelque chose à ma guise. Et enfin si c'est pour l'argent, la place que je pourrais avoir serait trop minime pour apporter un changement notable à mon revenu. Pèse toutes ces raisons, *ne te heurte pas à une idée creuse.* Est-ce qu'il est une position quelconque où je pourrais être plus près de toi, plus à toi ? Et puis n'est-ce pas là, en partie, le principal de la vie : ne pas trop s'embêter ?

Adieu, pauvre vieille, je t'embrasse à deux grands bras. Je clorai ma lettre et la daterai quand je te l'enverrai.

Mille tendresses.

À toi.

Ton fils qui t'aime de tout son cœur.

Maxime me charge de te dire que j'ai la figure large comme un soleil.

Peut-être Flaubert a-t-il souhaité ce long voyage pour briser la trop grande proximité dans laquelle il vivait avec sa mère… Mais une fois éloigné, le souvenir du temps où elle était constamment à ses côtés le rend très nostalgique. « Après mon retour, je reprendrai ma bonne et belle vie de travail, dans mon grand cabinet, sur mes bons fauteuils, auprès de toi, ma pauvre vieille, et ce sera tout. » (3 février 1850) À distance, il sacralise leur relation et exprime son sentiment d'un lien fusionnel :

24 mars (1850),
Dimanche des rameaux, Ipsamboul.

[…] Quant à moi, ce n'est que par une réflexion assez longue que je peux calculer la distance qui nous sépare ; il me semble toujours que tu es près de moi, que nous ne sommes pas loin et que, si je le voulais, je ne serais pas longtemps à te voir. Voilà près de deux mois sept semaines que je n'ai eu de tes nouvelles. J'ai encore une quinzaine à attendre avant d'être revenu à la 1re cataracte, où j'espère en trouver ? Et encore c'est bien chanceux ! – Va, pauvre vieille, ceux qui restent ne sont pas les seuls à avoir de l'inquiétude. J'éprouve parfois des appétits de te voir qui me saisissent tout à coup comme des crampes de tendresse ; puis le voyage, la distraction de la minute présente fait passer cela. Mais c'est le soir avant de m'endormir que je te donne une bonne pensée ; et tous les matins, quand je me réveille, tu es le premier objet qui me vienne à l'esprit. – Mais toi, je suis bien sûr que tu ne dépenses pas à moi. Je te vois toujours appuyée sur le coude, le menton dans ta main, et rêvant avec ton bon air triste. Songe donc, pauvre mère, que 5 est le tiers de 15. Tu me reverras au mois de février prochain. C'est encore l'été et l'hiver à passer.

Puis, le 15 avril

[…] Le ciel était bien beau hier au soir, les étoiles brillaient, les Arabes chantaient sur leurs dromadaires. C'était une vraie nuit d'Orient où le ciel bleu disparaissait sous la profusion des astres. Mais j'avais le cœur bien triste, ma pauvre mère tant aimée. Écris-moi donc deux fois, plutôt cent fois qu'une, par tous les courriers. Une lettre se perd si vite. Max en a déjà eu plusieurs d'égarées. Si je savais au moins que les miennes te parviennent, je ne me plaindrais pas. Mais c'est là ma plus grande angoisse. Quand je me figure toi tourmentée, cela me désole. – Peut-être es-tu malade, pauvre vieille. Tu pleures peut-être en ce moment, tournant tes pauvres beaux yeux que j'aime sur cette carte, qui ne te représente qu'un espace vide où ton fils est perdu. Oh non, va, je reviendrai. Tu ne peux pas être malade, car un fort désir fait vivre. […]

Mais l'absence n'est pas le seul sujet des lettres de Flaubert à sa mère. Quand il s'agit de prendre des décisions concernant l'instruction de sa nièce Caroline, fille de sa sœur décédée, il lui fait part de ses sentiments sur les femmes et l'éducation qu'on leur prodigue.

(Constantinople, 24 novembre 1850)

[…] Il y a beaucoup de choses du monde que dans ta candeur, pauvre vieille, tu ignores. Moi qui deviens, parole d'honneur, un très grand moraliste et qui d'ailleurs me suis toujours plongé à corps perdu dans ce genre d'études, j'ai soulevé pas mal de coins de rideau qui cachaient des turpitudes sans nombre. On apprend aux femmes à mentir d'une façon infâme. L'apprentissage dure toute leur vie. Depuis la première femme de chambre qu'on leur donne jusqu'au dernier amant qui leur survient, chacun s'ingère à les rendre canailles, et après, on crie contre elles. Le puritanisme, la bégueulerie, la bigoterie, le système du *renfermé*, de *l'étroit*, dénature et perd dans sa fleur les plus charmantes créations du bon Dieu. Tu compléteras par toi-même tout ce que je veux dire ici. J'ai peur du corset moral, voilà tout. Les impressions ne s'effacent pas, tu le sais. Nous portons en nous notre passé ; pendant toute notre vie nous nous sentons de la nourrice. Quand je m'analyse, je trouve en moi encore fraîches et avec toutes leurs influences (modifiées il est vrai par les combinaisons de leur rencontre), la place du père Langlois, celle du père Mignot *, celle de Don Quichotte et de mes songeries d'enfant dans le jardin, à côté de la fenêtre de l'amphithéâtre. [...]

C'est avec la même liberté de ton qu'il évoque le mariage, et exprime alors ses sentiments les plus intimes.

15 décembre 1850, Constantinople.

À quand la noce ? Me demandes-tu à propos du mariage d'Ernest Chevalier ? À quand ? À jamais, je l'espère. Autant qu'un homme peut répondre de ce qu'il fera, je réponds ici de la négative. Le contact du monde auquel je me suis énormément frotté depuis quatorze

* Eustache-Hyacinthe Langlois, peintre et professeur de dessin ; Mignot : le grand-père de son ami Ernest Chevalier.

mois me fait de plus en plus rentrer dans ma coquille. Le père Parain, qui prétend que les voyages changent, se trompe quant à moi. Tel je suis parti et tel je reviendrai, seulement avec quelques cheveux de moins sur la tête et beaucoup de paysages de plus *dedans*. Voilà tout. Pour ce qui est de mes dispositions morales, je garde les mêmes jusqu'à nouvel ordre. Et puis, s'il fallait dire là-dessus le fond de ma pensée et que le mot n'eût pas l'air trop présomptueux, je dirais : « Je suis trop vieux pour changer. J'ai passé l'âge. »

Quand on a vécu, comme moi, d'une vie toute interne, pleine d'analyses turbulentes et de fougues contenues, quand on s'est tant excité soi-même, et calmé tour à tour, et qu'on a employé toute sa jeunesse à se faire manœuvrer l'âme, comme un cavalier fait de son cheval qu'il force à galoper à travers champs à coups d'éperon, à marcher à petits pas, à sauter les fossés, à courir au trot et à l'amble, le tout rien que pour s'amuser et en savoir plus ; eh bien, veux-je dire, si on ne s'est pas cassé le cou, dès le début, il y a de grandes chances pour que l'on ne se le casse pas plus tard. – Moi aussi, je suis *établi*, en ce sens que j'ai trouvé mon assiette, mon centre de gravité. Je ne présume pas qu'aucune secousse intérieure puisse me faire changer de place et tomber par terre. Le mariage pour moi serait une apostasie qui m'épouvante. La mort d'Alfred * n'a pas effacé le souvenir de l'irritation que cela m'a causé. Ç'a été comme, pour les gens dévots, la nouvelle d'un grand scandale donné par un évêque. Quand on veut, petit ou grand, se mêler des œuvres du bon Dieu, il faut commencer, rien que sous le rapport de l'hygiène, par se mettre dans une position à n'en être pas la dupe. Tu peindras le vin, l'amour, les femmes, la

* Alfred Le Poittevin, qui avait épousé Louise de Maupassant en 1846.

gloire, à condition, mon bonhomme, que tu ne seras ni ivrogne, ni amant, ni mari, ni tourlourou *. Mêlé à la vie, on la voit mal, on en souffre ou on en jouit trop. L'artiste, selon moi, est une monstruosité – quelque chose de hors nature. Tous les malheurs dont la Providence l'accable lui viennent de l'entêtement qu'il a à nier cet axiome. Il en souffre et en fait souffrir. Qu'on interroge là-dessus les femmes qui ont aimé des poètes, et les hommes qui ont aimé des actrices. Or (c'est la conclusion) je suis résigné à vivre comme j'ai vécu, seul, avec ma foule de grands hommes qui me tiennent lieu de cercle, avec ma peau d'ours, étant un ours moi-même, etc. Je me fous du monde, de l'avenir, du qu'en dira-t-on, d'un établissement quelconque, et même de la renommée littéraire, qui m'a jadis fait passer tant de nuits blanches à la rêver. Voilà comme je suis ; tel est mon caractère, mon caractère est tel.

Si je sais par exemple à propos de quoi me vient cette tartine de deux pages, que le diable m'emporte, pauvre chère vieille. Non, non, quand je pense à ta bonne mine si triste et si aimante, au plaisir que j'ai de vivre avec toi, si pleine de sérénité et d'un charme si sérieux, je sens bien que je n'en aimerai jamais une autre comme toi, va, tu n'auras pas de rivale, n'aie pas peur. Les sens ou la fantaisie d'un moment ne prendront pas la place de ce qui demeure enfermé au fond d'un triple sanctuaire. On chiera peut-être sur le seuil du temple. Mais on n'entrera pas dedans. […]

Le voyage en Orient s'achève en 1851, et Gustave Flaubert retrouve sa mère. Leur cohabitation durera encore

* Fantassin.

plus de vingt ans, seulement interrompu par les remous causés par la guerre de 1870. À mesure qu'elle vieillit, Flaubert s'adresse à elle comme si elle était une enfant ; le 19 avril 1871, il lui demande : « Maintenant que nous allons re-vivre ensemble, vas-tu être gentille ? »

Madame Flaubert décède le 6 avril 1872. Le jour même, son fils envoie à ses proches un billet où ne figure que la phrase laconique : « Ma mère vient de mourir ! » Puis, le lendemain, à son amie Laure de Maupassant : « Je suis brisé de fatigue et de douleur. » C'est à sa nièce Caroline qu'il se confie vraiment ; le 25 avril, il lui écrit : « Je me suis remis à travailler. À force d'entêtement, j'arriverai à reprendre goût au pauvre Saint-Antoine. Fais comme moi, pauvre chérie, occupe ta cervelle. » Et quatre jours plus tard : « Tu n'imagines pas comme ton Croisset est calme, et beau ! Il y a une douceur infinie dans tout, et comme un grand apaisement qui sort du silence. Le souvenir de "ma pauvre vieille" ne me quitte pas. Il flotte autour de moi comme une vapeur et m'enveloppe. »*

---

* La troisième version de *La Tentation de Saint Antoine*, qui sera publiée en 1874.

Henri de Toulouse-Lautrec

« À part ça, rien de neuf, si ce n'est que je vous embrasse, et vous prie d'en faire de même à ce chiffon de papier qui me représente. »

Légèreté

Henri de Toulouse-Lautrec (1864-1901) est issu d'une famille qui a dominé la région albigeoise de 750 à 1721. Son père Alphonse, comte de Toulouse-Lautrec-Monfa, a épousé sa cousine germaine, Adèle Tapié de Céleyran, et cette consanguinité est la cause de la maladie génétique qui freine son développement osseux. Deux fractures survenues durant son adolescence y mettront un terme définitif. Douce et pieuse, Adèle le protège de son mieux et emménage avec lui à Paris, en 1872, afin qu'il étudie au lycée Condorcet. L'année suivante, alors qu'elle s'est absentée, il lui écrit : « Quand je vous demandais à rester, je n'avais aucune idée de la douleur qu'on a de se séparer de sa maman. »

À 11 ans, le jeune Henri est élevé par une nounou irlandaise. C'est en anglais qu'il donne à sa mère des nouvelles de ses leçons de grec et de latin, évoquant au passage l'optimisme du docteur Verrier quant à ses jambes, et concluant par un touchant regret : « Si j'avais des ailes, je viendrais te retrouver… »

Neuilly, 22 septembre 1875

My dear Mama,

I was very glad of receiving such a pretty letter and I will tell you very good news. My Greek master was very satisfied with me and he put on a piece of paper : « I am very satisfied of the lessons as well as of the tasks. » He gave me a Latin version to do. I have read my Latin Grammar this morning and I am going to do Miss' tasks. Yesterday I went to the bath and I have looked for the plate. M. Verrier was very satisfied with my legs. When you will return I hope you will find me well. Give my love to every one and return soon. If I had wings I should go to see you but I have none. I finish my letter by telling you that everybody send you his compliments and particularly your boy kisses you 1000000000000000 million times.

Your affectionate boy
Coco de Lautrec

Après avoir échoué au baccalauréat, en 1881, Henri de Toulouse-Lautrec décide de consacrer sa vie à la peinture. Sa mère est dubitative, mais son oncle et son professeur de peinture, René Princeteau, convaincus de son talent, parviennent à la convaincre de le soutenir dans sa vocation.

Paris, janvier 1885

Ma chère Maman,

Je suis un peu en retard et je le confesse. J'ai vu Papa dimanche et il m'a dit que les Odon étaient là.

Je n'ai pas encore eu le temps d'aller les voir. Je suis sur le point d'avoir une commande. Je faisais un petit dessin au Café américain, quand un journaliste que je connais l'a montré à M. Conty, le faiseur des guides Conty, qui en fait un sur Nice et Monte-Carlo. Le dessin lui a plu et je suis en train de lui faire la Fête des fleurs pour son guide. Ce sera peut-être le filon d'or rêvé.

Vous voyez que si la fortune vient en dormant, elle vient quelquefois en buvant. [...]

L'humour et la fantaisie sont présents dans presque toutes les missives que le jeune peintre adresse à sa mère :

Normandie, fin de l'automne 1885

Ma chère Maman,

Je viens vous dire que j'ai froid aux oreilles, et que je bois beaucoup de cidre. Le pays est assez poudré de frimas mais ne manque pas de charmes. M. et Mme Anquetin * sont charmants comme toujours. Nous chassons le corbeau avec ardeur mais sans succès. J'espère que vous avez envoyé mon navet au grand journal. À part ça, rien de neuf, si ce n'est que je vous embrasse, et vous prie d'en faire de même à ce chiffon de papier qui me représente.

Your son,

Henri

Mais au fil du temps, l'état de santé d'Henri se détériore. Peindre l'épuise de plus en plus. Il le confie à sa mère, tout en mettant sa lassitude sur le compte de la paresse.

* Les parents du peintre Louis Anquetin (1861-1932), grand ami de Toulouse-Lautrec, rencontré à l'atelier de Léon Bonnat en 1882. Acteur essentiel du mouvement impressionniste, il tournera le dos à l'art moderne, ce qui lui vaudra d'être oublié de la postérité.

Paris, début juillet 1886

Ma chère Maman,

J'ai été passer un jour chez Grenier et suis en train de terminer ma page comme un bon petit garçon : et je suis pourtant culotté car je me rends compte que travailler dehors au soleil est une chose étonnante et que se reposer à l'ombre est un plaisir des dieux. J'ai une espèce de réaction de paresse qui est fort pénible, car lutter amène un travail fiévreux qui ne vaut rien et il vaudrait peut-être mieux se laisser aller. – Ce raisonnement va vous faire tordre. C'est malheureux, mais c'est comme ça. Je suis étonné de l'enthousiasme baccalauréatique de mes cousins. Je voudrais bien en croire autant de ce que je fais. Tout le monde s'en va, Paris est vide et c'est bien assommant d'aller rue Cambon * le soir. – Ce n'est guère plus amusant d'en monter le matin. Quant à l'horizon, il est tricolore à cause de cette stupide fête du quatorze Juliette. Rhum et eau, mélange affreux.

Je termine en batifolant cette épître qui n'est ni brillante ni solide, mais qui a au moins le mérite d'être courte, et vous embrasse.

Envoyez-moi l'or du terme 27 rue Caulaincourt avant la fin de la semaine. Papa voudrait me voir filer ; ce sentiment n'a rien de touchant. Quant à vouloir me faire lâcher l'atelier, je n'y crois pas. – Je suis trop auvergnat pour ça.

* Il logeait à l'hôtel Métropolitain, où sa mère séjournait lorsqu'elle venait à Paris.

Je vais envoyer encore deux navets à raies, qui sait si ça donnera.

Je vous embrasse, comme un vieux fils.

Yours,

Henri

Villiers-sur-Morin, automne 1866

J'ai commencé une petite tête de pensionnaire * à l'auberge où j'ai fait des panneaux, phtisique au dernier degré mais bien jolie. Je regrette de ne pouvoir amener cette jeune fille à Malromé ** pour la peindre et l'enterrer après.

* Ce sera *Profil de jeune fille.*

** Le château de Malromé : propriété de sa mère.

Paris, juin-juillet 1891

Ma chère Maman,

J'ai reçu votre lettre où vous me dites que Mars* est plus aimable que moi, et ça ne m'étonne pas du tout. À ce, je réponds que Mars n'a pas d'embêtement avec son modèle. Or, la mienne a failli crever et j'ai bien peur que le fait d'avoir posé au soleil y soit pour quelque chose. De telle sorte que mon navet a encore été enrayé, ce qui m'ennuie plus que vous ne sauriez le croire. Donc vous ferez bien, au lieu de m'accuser de silence, de me remercier d'avoir gardé ma mauvaise humeur pour moi tout seul. Je voudrais bien vous obliger encore à poser à la campagne et je crois que vous n'y échapperez pas. Cette menace fait ma justification plaidée.

Je vous embrasse.

Henri

« Je boirai du lait quand les vaches brouteront du raisin », déclarait-il. En 1899, sa consommation d'alcool passe un seuil critique. Très inquiète, sa mère charge une femme de chambre de vailler sur lui et de l'empêcher de vendre les meubles et l'argenterie, ce qu'il ne tarde pas à apprendre.

* Le dieu romain de la guerre, célèbre pour son caractère irascible.

19 janvier 1899

Ma chère mère

Ou Maman, ad libitum,

Vous vous êtes permis après ce que j'ai essayé de faire pour sauver votre tranquillité de me faire *espionner par des bonnes.* Je ne viendrai plus chez vous qu'en invité.

Je vous prie de me faire une mensualité FIXE (je dis fixe) disposée entre les mains de Georges * ou de son banquier.

P.-S. Les comptes pas du tout à jour de Jalabert sont de ce fait exigibles par LUI Georges. Bonne année et malgré tout votre fils dévoué.

Henri

Sujet à des hallucinations et à des crises de delirium tremens, *il est interné dans une clinique de Neuilly où il suit une cure de désintoxication. La santé d'Henri de Toulouse-Lautrec décline encore et, durant l'été 1901, sentant sa fin prochaine, sa mère l'emmène dans leur*

* Georges Séré de Rivière, le cousin d'Henri, qui rachètera d'ailleurs le château de Malromé après sa mort.

propriété de Malromé. Il y décède le 9 septembre, et malgré l'arrivée de son père, ses derniers mots seront pour elle : « Maman, vous, rien que vous. » Les portraits qu'il a laissés d'elle ont été peints avec une bienveillance qu'il n'a jamais accordée à ses autres modèles.

Après sa mort, c'est sa mère qui finance la création du musée Toulouse-Lautrec à Albi, ville de sa naissance. Grâce aux nombreux tableaux, dessins, et lithographies offerts par la comtesse, ce musée – qu'elle inaugure en 1922 – possède une collection exceptionnelle.

Guy de Maupassant

« Bien souvent, certainement, pendant les interminables soirs d'hiver quand je serai seul à travailler dans ma chambre, il me semblera t'apercevoir, assise sur une chaise basse et regardant fixement ton feu, comme font les gens qui pensent ailleurs… »

Complicité

Avant d'épouser Gustave de Maupassant, Laure le Poittevin, en mal de noblesse, lui fait rechercher ses origines : un Maupassant a été anobli en Lorraine en 1752, et Gustave obtient le droit de porter la particule. Leur fils Guy (1850-1893) naît près de Dieppe, suivi d'un frère, Hervé, en 1856. Après la séparation de leurs parents en 1860, les deux frères vivent avec leur mère près d'Étretat. C'est une femme d'une grande intelligence, passionnée d'art et de littérature. Malheureusement, elle souffre de troubles névrotiques et il lui arrive de passer des journées entières enfermée dans le noir ; elle tentera même de se suicider à l'aide de ses longs cheveux. À treize ans, Guy entre au séminaire, comme le souhaite sa mère, mais il se fait expulser pour indiscipline. Embarqué dans la guerre de 1870, il s'en souviendra avec horreur. En 1872, il entre au ministère de la Marine pour six ans avant de passer à l'Instruction publique.

24 septembre 1873

Tu vois que je ne tarde pas à t'écrire, mais en vérité je ne puis attendre plus longtemps. Je me trouve si perdu, si isolé, et si *démoralisé* que je suis obligé de venir te demander quelques bonnes pages. J'ai peur de l'hiver qui vient, je me sens seul, et mes longues soirées de solitude sont quelquefois terribles. J'éprouve souvent, quand je me trouve seul devant ma table avec ma triste lampe qui brûle devant moi, des moments de détresse si complets que je ne sais plus à qui me jeter. Et je me disais souvent dans ces moments-là, l'hiver dernier, que tu devais avoir aussi d'affreuses tristesses pendant les longues et froides soirées de décembre et de janvier. J'ai repris ma vie monotone, en voici pour 3 mois. [...]

J'ai écrit tout à l'heure, pour me distraire un peu, quelque chose dans le genre des *Contes du Lundi*. Je te l'envoie, cela n'a naturellement aucune prétention, puisque je l'ai écrit en un quart d'heure. Je te prierai cependant de me le renvoyer, parce que je pourrai en faire quelque chose. Il y a plusieurs phrases peu correctes, mais je corrigerai cela quand je m'en servirai. Je voudrais bien me trouver reporté de quinze jours en arrière, c'est décidément bien court, on n'a pas le temps de se voir et de causer, et une fois la vacance finie, on se dit : « Mais comment cela s'est-il fait ? Je suis à peine arrivé, je n'ai encore causé avec personne. »

Adieu, ma chère mère, je t'embrasse mille et mille fois ainsi qu'Hervé.

Ton fils,
Guy de Maupassant

Après les quinze jours de vacances passés chaque année à Étretat auprès de sa mère, Maupassant retrouve son travail au ministère et le spleen qui l'accompagne.

Le 3 septembre 1875, il lui écrit : « Ce qui a rendu mon départ plus triste encore, cette fois, c'est que je m'effraye beaucoup pour toi de ta solitude absolue où tu vas te retrouver cet hiver, je vois les longues soirées que tu passeras seule à rêver tristement à ceux qui seront loin, rêves dont tu sortiras malade et découragée ; et bien souvent, certainement, pendant les interminables soirs d'hiver quand je serai seul à travailler dans ma chambre, il me semblera t'apercevoir, assise sur une chaise basse et regardant fixement ton feu, comme font les gens qui pensent ailleurs. »

Laure de Maupassant est la sœur d'Alfred Poittevin, l'ami intime de Flaubert qui l'appelait son alter ego. *Alfred est décédé, mais Laure, restée liée à l'écrivain, se rapproche de lui au moment où Guy s'oriente vers les lettres. Flaubert le prend sous sa protection et guide ses débuts dans le journalisme et la littérature.*

Le 21 janvier 1878, évoquant auprès de sa mère l'attitude odieuse de son supérieur hiérarchique, il lui demande de rappeler à Flaubert sa promesse de l'aider à trouver un autre poste, et écrit à celle-ci : « Pour le stimuler un peu, écris-lui une lettre pathétique pour le remercier de ce qu'il m'a promis de faire pour moi. Ma situation ici est loin d'être douce, noircis-la encore, plains-moi, etc. etc. Sans rien demander d'immédiat, mais en remerciant de ce qu'il m'a promis de faire et disant ma joie profonde à cette espérance. »

Celle-ci s'exécute aussitôt, et écrit à Flaubert : « Puisque tu appelles Guy ton fils adoptif, tu me pardonneras, mon cher Gustave, si je viens tout naturellement te parler de ce cher garçon. La déclaration de tendresse que tu lui as faite devant moi m'a été si douce que je l'ai prise au pied de la lettre, et que je m'imagine à présent qu'elle t'impose des devoirs quasi paternels.

Je sais d'ailleurs que tu es au courant des choses, et que le pauvre employé de ministère t'a déjà fait toutes ses doléances. Tu t'es montré excellent, comme toujours, tu l'as consolé, encouragé, et il espère aujourd'hui, grâce à tes bonnes paroles, que l'heure est proche où il pourra quitter sa prison et dire adieu à l'aimable chef qui en garde la porte. »

Flaubert présente Tourgueniev et Zola à Maupassant. La vocation du jeune écrivain s'affirme et il fait part de ses projets à sa mère, se fiant pleinement à son jugement critique. C'est aussi auprès d'elle qu'il évoque son avenir, tout en continuant à lui faire partager ses opinions littéraires.

Ministère de la Marine et des Colonies
Paris, ce 3 avril 1878

Voilà quatre jours que je veux t'écrire, ma chère mère, car je sais bien que les nouvelles de Paris sont ta meilleure distraction, mais j'ai eu tellement à faire depuis le matin jusqu'au soir qu'il m'a été impossible de trouver le temps de t'envoyer une seule page. J'ai revu Tarbé qui m'a demandé de lui faire des chroniques, mais pas des chroniques littéraires. Il voudrait que je prisse un fait quelconque pour en tirer des conclusions soit philosophiques soit autres. Zola me pousse beaucoup à accepter, me disant que c'est là le seul moyen de me tirer d'affaire. Plusieurs raisons diverses m'embarrassent : 1° Je ne voudrais pas faire des chroniques régulières qui seraient forcément bêtes, je consentirais seulement à prendre de temps à autre un événement intéressant et à le développer avec des réflexions et des dissertations à côté. Je vais faire de la sorte quelque chose sur les suicides par amour qui se multiplient en ce moment d'une façon extraordinaire et j'en tirerai des conclusions inattendues. Enfin je ne voudrais faire que des articles que j'oserais signer et je ne mettrai jamais mon nom au bas d'une page écrite en moins de deux heures.

2° Je ne veux pas avoir l'air d'être attaché d'une façon régulière à la Direction du *Gaulois*, même en n'y faisant pas de politique.

Mon drame est définitivement refusé au Français et Perrin ne croit pas qu'il soit reçu nulle part parce qu'il trouve tout le second acte d'une violence et férocité folles. Je m'y attendais et cela ne m'a nullement étonné.

Je termine ma *Vénus rustique* qui a, en ce moment, 220 vers. Après je reprendrai vite mon roman parce qu'une grande revue se fonde pour paraître à l'automne et que Zola va en avoir la direction littéraire. Mon roman publié là-dedans me donnera tout de suite 4 ou 5 mille francs. Tu comprends qu'il ne faut pas perdre de temps. Mes amis et moi nous avons aussi là-dedans des articles de critique à tout moment. C'est le chocolatier Menier qui fait les fonds. Il donne pour commencer 600 000 francs. Tu vois que c'est joli.

Je n'ai encore rien de nouveau pour Bardoux ; je crois qu'il se fiche de Flaubert. Goncourt m'a donné un charmant livre de lui qui s'appelle « Portraits intimes du XVIIIe siècle. » Je te le prêterai à Pâques. Quant à ma *Vénus rustique*, j'en suis content ; j'obtiens, je crois, ce que je voulais, mais diable, c'est roide, roide, roide. En livre bien, mais pas dans un journal.

Mme Denisane a écrit à mon père une lettre pleine de compliments pour moi, mais où elle lui dit ceci : « ... mais je voudrais qu'une belle dame à bas de soie, à talons coquets, à cheveux ambrés, lui apprît tout ce que Flaubert et Zola ignorent en fait de cette perfection de goût qui rend la poésie et les poètes éternels, même pour cinquante petits vers, etc… Moi, vous savez que j'adore mon XVIIe siècle et le *Gaulois* ne me plaît pas toujours. »

Je trouve cette phrase une merveille parce qu'elle contient toute la séculaire bêtise des belles dames de la France. La littérature à talons coquets, je la connais et n'en ferai point ; et je ne désire qu'une chose, c'est de n'avoir pas de goût parce que tous les grands hommes n'en ont pas mais en inventent un nouveau.

Quant au XVIIe siècle, c'est, à mon avis, le dernier de tous. Il n'a point eu Rabelais, ni Montaigne, ni d'Aubigné, ni Régnier, ni Voltaire, etc, etc, et tous ces hommes sont, à mon avis, plus grands même que Molière et que Corneille. Quant au XIXe, le plus grand de tous, à défaut des contemporains imbéciles, la postérité le jugera.

Je t'embrasse mille et mille fois, ma bien chère mère et je te supplie de me donner tout de suite de tes nouvelles, ne fût-ce qu'un mot. Compliment aux bonnes.

Ton fils,

Guy

Le 7 décembre, apprenant qu'il est contraint de rester employé au Ministère, il confie à Flaubert : « C'est dur de vivre. » Enfin, en 1880, il connaît son premier grand succès avec Boule de suif, *que Flaubert qualifie de chef-d'œuvre, juste avant de mourir, le 6 mai. C'est un choc terrible pour Maupassant, à qui le succès ne fait pas oublier ses angoisses.*

Étretat, ce mardi (janvier 1881 ?)

Ma bien chère mère,

Je t'écris sur un coin de table dans notre petit salon. Les deux chiens fort maigres, mais gais et bien portants, sont couchés à mes pieds, *Matho* me dérange sans cesse en se frottant contre ma jambe. *Daphné* est tout à fait guérie.

Quant à moi je me mouche, j'éternue, envahi par un affreux rhume de cerveau, car j'ai voyagé toute la nuit par un froid de cinq degrés, et je ne peux pas m'échauffer dans notre maison glacée. Le vent froid souffle sous les portes, la lampe agonise, et le feu m'éclaire, un feu qui grille la figure et n'échauffe pas l'appartement. Tous les objets anciens sont autour de moi, mornes, navrants, aucun bruit ne vient du village mort, sous l'hiver. On n'entend pas la mer.

J'ai froid plus encore de la solitude de la vie que de la solitude de la maison.

Je sens cet immense égarement de tous les êtres, le poids du vide. Et au milieu de cette débandade de tout, mon cerveau fonctionne lucide, exact, m'éblouissant avec le Rien éternel. Cela a l'air d'une phrase du père Hugo : mais il me faudrait beaucoup de temps pour rendre mon idée claire dans un langage précis. Ce qui me prouve une fois de plus que l'emphase romantique tient à l'absence de travail. [...]

L'état nerveux de Laure de Maupassant s'aggrave. Guy s'en ouvre à son père durant l'été 1884 : « Les nouvelles de ma mère sont médiocres. Il paraît qu'elle a perdu tous ses cheveux et que ses pieds sont encore tout à fait enflés. Il est certain que cette crise terrible, dont elle aura grand mal à se relever, ne vient que de ses préoccupations pour Hervé et de ses soucis d'argent. »

Hervé, le frère de Guy, montre à son tour des signes de folie. En août 1889, Maupassant est contraint de le faire interner à l'asile de Lyon. Hervé n'y survivra pas, disparaissant le 13 novembre suivant. Guy, qui est également atteint de cette maladie nerveuse héréditaire depuis 1877, voit ses symptômes accrus par la syphilis : il a des hallucinations et de graves troubles oculaires. Il publie malgré tout plus de 300 contes et nouvelles, ainsi que 6 romans et de nombreux récits de voyage entre 1880 et 1890. À partir de 1888, ses souffrances deviennent atroces et le 20 mai 1890, il écrit à sa mère : « J'ai dû cesser complètement ce traitement de Bouchard qui mettait mes nerfs dans un état intolérable et, par là, attaquait la vue. Je ne sais plus à qui m'adresser. »

Conscient qu'il n'échappera pas à la folie, Guy de Maupassant, après une dépression, tente de se suicider le 1er janvier 1892. Interné à Passy dans un hôpital psychiatrique, il y décède le 6 juillet de l'année suivante, à l'âge de 43 ans.

Camille Claudel

« Je vous ai déjà écrit plusieurs fois sans recevoir de réponse, il en sera sans doute de même cette fois-ci mais enfin je me risque. »

Abandon

Camille Claudel (1864-1943) grandit en Champagne auprès de son frère Paul et de sa sœur Louise. Elle s'installe à Paris en 1881 afin d'étudier la sculpture avec Alfred Boucher, puis avec Auguste Rodin, qui devient son amant. Les deux artistes vivent une passion durant quinze ans, mais Rodin refuse de quitter sa compagne, Rose, et peu à peu, Camille sombre dans la paranoïa et la folie. Le père de Camille, qui l'a toujours soutenue, décède le 3 mars 1913 ; une semaine plus tard, sa mère la fait interner : elle est arrêtée par « deux sbires armés de toutes pièces, casqués, menaçants en tous points. »

Maison de Santé de Ville-Évrard
(Fin mars 1913)

Chère Madame Claudel,

Je vous ai déjà écrit plusieurs fois sans recevoir de réponse, il en sera sans doute de même cette fois-ci mais enfin je me risque.

C'est une petite recommandation que je voudrais vous faire, pas grand'chose mais enfin cela pourrait vous être utile tout de même.

Vous n'auriez plus besoin de vous déranger dorénavant pour envoyer de l'argent ici (ni argent ni habits). Ce n'est pas la peine, je connais des messieurs qui vont se charger de ça, vous n'aurez plus à vous en occuper.

Ils ne demandent pas mieux (vous savez bien les messieurs, les messieurs qui m'ont pris mon atelier, ceux qui m'ont pris mon atelier, mes albums, mes esquisses, etc.) ils sont si contents de ce qu'ils ont trouvé chez moi, ça leur a fait tellement plaisir qu'ils seront enchantés d'offrir à l'artiste qui leur a offert une si belle récolte, une pension toute trouvée. L'auteur de ces charmants albums, de ces esquisses merveilleuses qui les ont remplis d'enchantement ils veulent lui offrir quelque chose. Ils se sont cotisés pour lui payer des rentes tout en lui offrant le titre de fille et la manière de s'en servir. Vous ne les connaissez pas ces messieurs-là : eh bien moi je les connais, je vous donnerai leur adresse si vous voulez (l'homme de génie qui habite le Sacré-cœur pourra vous donner leur adresse).

Ne vous occupez plus de rien, la note en cours une fois soldée, ils seront là pour vous remplacer.

Tous mes compliments

Au plaisir de vous revoir

C. Claudel

Veuillez souhaiter le bonjour de ma part à Mlle de Vertus.

Vous lui direz pourquoi je n'ai pu continuer à lui faire de beaux marbres. Depuis que je suis folle, mes facultés intellectuelles ayant perdu leur équilibre.

Madame Claudel renvoie cette lettre à la surveillante de l'asile où était internée Camille, avec la note suivante : « Madame, Je viens de recevoir la lettre ci-joint que je crois devoir vous communiquer. J'ai été très étonnée que ma fille ait pu la faire mettre à la poste. Si elle a la faculté d'écrire ainsi à qui elle veut, elle va continuer de le faire à toutes ses connaissances et Dieu sait ce qu'elle est capable de dire… »

Camille n'est pas dupe de la fermeté de sa mère, écrivant, en 1917 : « On me reproche, ô crime épouvantable, d'avoir vécu toute seule. » Elle sait qu'elle paie sa vie de femme libre et passionnée, hautement répréhensible aux yeux de Madame Claudel, qui condamne tout ce qui s'éloigne de sa morale bourgeoise. Dix ans plus tard, le sujet demeure brûlant.

(1927)

Chère fille,

J'ai sous les yeux ta dernière lettre et je n'arrive pas à imaginer que tu puisses écrire de pareilles horreurs à ta mère. Dieu seul sait ce que j'aurai subi par mes enfants ! Paul m'accable de reproches parce que, selon lui, nous aurions avantagé Louise à son détriment et toi, Camille, comment oses-tu m'accuser d'avoir empoisonné ton père ! Tu sais aussi bien que moi qu'il avait près de 90 ans quand il nous a quittés, que j'ai fait tout ce qui était en mon pouvoir pour vous le garder en vie le plus longtemps possible. Il a assez souffert lui aussi quand il a connu la vérité sur tes relations avec Rodin, l'ignoble comédie que tu nous a jouée. Moi assez naïve pour inviter le « grand homme » à Villeneuve, avec

Mme Rodin, sa concubine ! Et toi, qui faisais la sucrée, qui vivais avec lui en femme entretenue. Je n'ose même pas écrire les mots qui me viennent à l'esprit. D'après toi, nous serions, Louise et moi, sous la coupe de Berthelot, l'ami de Paul. Tu dis qu'il « tire les ficelles », c'est ton expression. Quand on pense à la gentillesse de Berthelot pour nous, on croit rêver ; ce n'est pas tout. Louise, prétends-tu, t'aurait volé ton héritage ?

La pauvre enfant qui a eu tant de mal à élever Jacques, à lui faire une situation… Arrêtons-là, veux-tu ? Ta lettre n'est qu'un ramassis de calomnies, toutes plus odieuses les unes que les autres. Mais tu ne me dis pas si tu as reçu le manteau que je t'ai fait envoyer par la Samaritaine ni si la maison Félix Potin a bien expédié le café et les biscuits à la cuillère que tu avais demandés. Naturellement, ça ne compte pas.

Je t'embrasse.

Montdevergues, 2 février 1927

Ma chère Maman,

J'ai beaucoup tardé à t'écrire car il a fait tellement froid que je ne pouvais plus me tenir debout. Pour écrire je ne puis me mettre dans la salle où se trouve tout le monde où brulotte un méchant petit feu, c'est un vacarme de tous les diables. Je suis forcée de me mettre dans ma chambre au second où il fait tellement glacial que j'ai l'onglée, mes doigts tremblent et ne peuvent tenir la plume.

Je ne me suis pas réchauffée de tout l'hiver je suis glacée jusqu'aux os, coupée en deux par le froid. J'ai été très enrhumée. Une de mes amies, un pauvre professeur du lycée Fénelon qui est venue s'échouer ici a été trouvée morte de froid dans son lit, c'est épouvantable. Rien ne peut donner l'idée des froids de Montdevergues. Et ça dure, 7 mois au grand complet : jamais tu ne peux te figurer ce que je souffre dans ces maisons. Aussi ce n'est pas sans une surprise mélangée d'épouvante que j'ai appris que Paul me faisait mettre de 1re classe. C'est curieux que vous disposez de moi comme il vous plaît sans me demander mon avis, sans savoir ce qui se passe. Vous n'êtes jamais venus ici et vous savez mieux que moi ce qu'il me faut. Vous en dépensez, de l'argent, à tort et à travers : qui est-ce qui sait tout ce que vous me donnez ?

Je vous ai déjà dit plusieurs fois que les premières classes étaient les plus malheureuses. D'abord leur salle à manger est dans le courant d'air, elles sont à une toute petite table serrées les unes contre les autres. Elles ont toujours la dysenterie d'un bout de l'année à l'autre ce qui n'est pas signe que la nourriture est bonne. Le fond de la nourriture est celui-ci. – De la soupe, c'est-à-dire de l'eau de légumes mal cuits sans jamais de viande. – Un vieux ragoût de bœuf en sauce, noire, huileuse, amère d'un bout de l'année à l'autre, un vieux plat de macaronis qui nagent dans le cambouis, ou un vieux plat de riz du même genre, en un mot, le graillon jusqu'au bout, comme hors-d'œuvre quelque minuscule tranche de jambon cru, comme dessert de vieilles dattes chanvreuses ou trois vieilles figues racornies ou 3 vieux biscottins, ou un vieux morceau de fromage de bique :

voilà pour vos 20 f par jour ; le vin, c'est du vinaigre, le café, c'est de l'eau de pois chiches.

C'est réellement faire preuve de folie que de dépenser un argent pareil. Quant à la chambre c'est la même chose, il n'y a rien du tout, ni un édredon, ni un seau hygiénique, rien, un méchant pot de chambre les trois quarts du temps ébréché, un méchant lit de fer où on grelotte toute la nuit (moi qui déteste les lits de fer), il faut voir si je peine de me trouver là-dedans, qu'en conséquence, je te prie de faire suivre mon goût et pas le tien.

Je ne veux à aucun prix rester de 1re classe et je te prie à la réception de cette lettre de me faire remettre de troisième comme j'étais avant. – Puisque tu t'obstines malgré mes objurgations à me laisser dans les maisons de santé où je suis horriblement malheureuse, au mépris de toute espèce de justice, au moins économise ton argent et si c'est Paul communique lui mes appréciations.

En as-tu des nouvelles ? Sais-tu de quel côté il est actuellement ? Quelles sont ses intentions à mon égard ? A-t-il l'intention de me laisser mourir dans les asiles d'aliénés ?

Tu es bien dure de me refuser un asile à Villeneuve. Je ne ferais pas de scandale comme tu le crois. Je serais trop heureuse de reprendre la vie ordinaire pour faire quoi que ce soit. Je n'oserais plus bouger tellement j'ai souffert. Tu dis qu'il faudrait quelqu'un pour me servir ? Comment cela ? Je n'ai jamais eu de bonne de ma vie : c'est vous qui en avez toujours besoin !

Quand tu ne me donnerais que la chambre de la mère Régnier et la cuisine, tu pourrais fermer le reste de la maison. Je ne ferais absolument rien de répréhensible, j'ai trop souffert pour jamais m'en remettre.

Tu ne vois pas qu'on nous divise exprès pour vous tirer toujours de l'argent ?

J'ai reçu le chapeau, il va bien, le manteau, il fait

bien l'affaire, les bas, ils sont admirables, et le reste de ce que tu m'as envoyé.

Je t'embrasse,

Camille

Donne de tes nouvelles de suite et dis-moi si tu n'as pas souffert de la grippe.

Je reçois ta lettre, ce qui m'a rassurée, car en voyant qu'on me changeait de classe, je me suis figurée que tu étais morte, je n'ai donc pas dormi de la nuit, je suis glacée.

Surtout, à la suite de la lettre que je viens de t'écrire, ne va pas t'imaginer d'envoyer encore de l'argent, soit pour me payer du feu ou autre chose en plus, ton argent, il va au bureau, un point c'est tout et moi il me faut souffrir le martyre. Ne fais rien sans m'avoir consultée.

Camille Claudel ne recevra jamais la visite de sa mère, ni de sa sœur ; seul son frère, le poète Paul Claudel, vient la voir une fois par an. En 1927, Camille écrit : « Ce n'est pas ma place au milieu de tout cela, il faut me retirer de ce milieu. Après 14 ans d'une vie pareille, je réclame la liberté à grands cris. » Elle meurt le 19 octobre 1943, après trente ans d'internement, et personne n'assiste à ses funérailles.

Charles Baudelaire

« Je donnerais je ne sais quoi pour passer quelques jours auprès de toi, le seul être à qui ma vie est suspendue, huit jours, trois jours, quelques heures. »

Passion

Charles Baudelaire (1821-1867) perd son père à l'âge de six ans. L'année suivante, sa mère, Caroline Archanbaut-Dufaÿs, épouse le commandant Aupick, avec qui Charles ne s'entend guère. « Quand on a un fils tel que moi, on ne se remarie pas », clamera-t-il. En 1842, de retour à Paris après un séjour de quelques mois à l'île Maurice et à la Réunion, Charles déclare : « Je ne crois pas que je reviens avec la sagesse en poche. » En effet, dès la majorité atteinte, il se met à dilapider l'héritage paternel, ce qui lui vaut d'être mis sous tutelle dès 1844. Il ne pardonnera jamais cette humiliation à celle qui est pour lui « à la fois une idole et un camarade. »

20 décembre 1855

Avant toutes choses, je désire vous voir. Voilà plus d'un an que vous vous y refusez, et je crois véritablement que vos légitimes colères doivent être satisfaites. Il y a dans ma situation vis-à-vis de vous quelque chose d'absolument anormal, absolument humiliant pour moi, que vous ne pouvez réellement pas vouloir maintenir. Si vous ne vous sentez pas satisfaite par cette prière, faites au moins acte de générosité. [...]

L'un de nous peut mourir, et vraiment il est douloureux de penser que nous sommes exposés à mourir sans nous voir. Vous savez combien j'ai horreur de toute emphase. Je connais mes torts vis-à-vis de vous ; et toutes les fois que je sens quelque chose vivement, la peur d'en exagérer l'expression me force à dire cette chose le plus froidement que je peux. Vous ne vous tromperez donc pas en supposant sous mes paroles une chaleur et une intensité de désir que je n'y mets peut-être pas toutes entière, par une retenue qui m'est habituelle. [...]

Il y a quelque état plus grave encore que les douleurs physiques, c'est la peur de voir s'user et péricliter, et disparaître, dans cette horrible existence pleine de secousses, l'admirable faculté poétique, la netteté d'idées, et la puissance d'espérance qui constituent en réalité mon capital.

Ma chère mère, vous ignorez tellement ce que c'est qu'une existence de poète, que sans doute vous ne comprendrez pas grand-chose à cet argument-là ; c'est cependant là que gît ma principale frayeur ; je ne veux pas crever obscurément, je ne veux pas voir venir la vieillesse sans une vie régulière, je ne m'y résignerai JAMAIS ; et je crois que ma personne est fort précieuse, je ne dirai pas plus précieuse que d'autres, mais suffisamment précieuse pour moi. [...]

Malgré le ressentiment que lui impose cette dépendance, les sentiments de Baudelaire pour sa mère restent dominés par un amour profond.

4 novembre 1856

Ma chère mère, je ne veux pas laisser s'écouler ce jour, sans vous montrer par quelques lignes seulement que je ne vous oublie jamais. – Quelques lignes seulement ; – car vous connaissez mes fainéantises, qui ont pour résultat de m'acculer plus tard dans des travaux précipités. – C'est le cas où je suis placé maintenant. – Vous pouvez d'ailleurs, je le crois, avoir actuellement pleine confiance dans ma destinée. – Les craintes que vous m'avez exprimées sont vaines. – Si les questions d'argent sont difficiles à débrouiller, la santé morale, ce qui est l'important, est excellente. – L'accident qui m'avait d'abord tant abattu, si puéril pour des gens sans imagination, mais si affreux pour moi, m'a donné postérieurement un goût immodéré pour la vie. – Je suis en train d'écrire la deuxième préface, c'est-à-dire *l'en-tête des Nouvelles Histoires extraordinaires*, que vous recevrez dans quelques jours. – Quant au troisième volume, vous le lirez jour à jour, puisque vous recevez *Le Moniteur.*

Me permettez-vous de rire un peu, rien qu'un peu, de ce désir que vous exprimez sans cesse de me voir *semblable à tout le monde*, et de me voir digne de vos vieux amis, que vous me nommez complaisamment ? Hélas ! Vous savez bien que je n'en suis pas là, et que ma destinée sera faite autrement. Pourquoi ne parlez-vous pas de mariage, comme toutes les mamans ?

Pour vous parler tout à fait sincèrement, la pensée de cette fille * ne m'a jamais quitté, mais je suis si parfaitement rompu au métier de la vie, qui n'est que mensonge et vaines promesses, que je me sens incapable

* Jeanne Duval, avec qui il venait de rompre après une liaison de 14 ans.

de retomber dans les mêmes inextricables pièges de cœur. – La pauvre enfant est maintenant malade, et j'ai refusé d'aller la voir. – Pendant longtemps elle m'a fui comme la peste, car elle connaît mon affreux tempérament, qui n'est que ruse et violence. – Je sais qu'elle doit quitter Paris, et j'en suis bien aise ; quoique, je l'avoue, une tristesse me prenne, quand je pense qu'elle peut aller mourir loin de moi.

Pour me résumer brièvement, j'ai une soif diabolique de jouissance, de gloire et de puissance. Cela, je dois le dire, est traversé souvent, pas assez souvent, – n'est-ce pas, ma chère mère ? – par le désir de vous plaire.

Prenez donc bien garde de m'envoyer désormais des gens aussi ennuyeux que cet huissier du Sénat, le *Tony*, acheteur d'une créance de filou, qui s'est installé trois heures chez moi, avec des verbiages de domestique, et que je n'ai dérouté que par ma brutalité.

Je vous embrasse de tout mon cœur.

Charles

Quelques mots, je vous en prie, sur votre santé.

En 1857, année de la parution des Fleurs du Mal, *Jacques Aupick, le général meurt et la mère de Baudelaire se retire à Honfleur, dans une petite maison dominant le port qu'il nomme la « Maison Joujou. » Le 11 janvier 1858, il lui écrit :*

« Vous n'avez donc pas remarqué qu'il y avait dans *Les Fleurs du Mal* deux pièces vous concernant, ou du moins allusionnelles à des détails intimes de notre ancienne vie, de cette époque de veuvage qui m'a laissé de singuliers et tristes souvenirs, – l'une : *Je n'ai pas oublié, voisine de la ville…* (Neuilly), et l'autre qui suit : *La servante au grand cœur dont vous étiez jalouse…* (Mariette) ? J'ai laissé ces pièces sans titres et sans indications claires parce que j'ai horreur de prostituer les choses intimes de la famille. »

Baudelaire séjourne à Honfleur durant la première moitié de l'année 1859. Puis, de retour à Paris, inlassablement, il sollicite sa mère, tout en se montrant parfois pervers et cruel envers celle qui finit toujours par lui céder : « Ta candeur, ta facilité à être dupe, ta naïveté, ta sensibilité, me font rire. Crois-tu donc que, si je le voulais, je ne pourrais pas te ruiner et jeter ta vieillesse dans la misère ? Mais, je me retiens, et, à chaque crise nouvelle, je me dis : "Non, ma mère est vieille et pauvre ; il faut la laisser tranquille…" » Les conflits suscités par ses dettes et son mode de vie ne disparaîtront jamais, mais Charles n'hésitera plus à exprimer à sa mère l'amour qu'elle lui inspire.

(Février ou mars 1861)

Ah ! chère mère, est-il *encore temps* que *nous* soyons heureux ? Je n'ose plus y croire ; – 40 ans, un conseil judiciaire, des dettes énormes, et enfin pire que tout, la volonté perdue, gâtée ! Qui sait si l'esprit même n'est pas altéré ? Je n'en sais rien, je ne peux plus le savoir, puisque j'ai perdu même la faculté de l'effort.

Avant tout, je veux te dire une chose que je ne te dis pas assez souvent, et que tu ignores sans doute, surtout si tu me juges par les apparences, c'est que ma tendresse pour toi va augmentant sans cesse. C'est une honte d'avouer que cette tendresse ne me donne même pas la force de me relever ; je contemple les anciennes années, les horribles années, je passe mon temps à réfléchir sur la brièveté de ma vie ; rien de plus ; et ma volonté va toujours se rouillant. Si jamais homme a connu, jeune, le spleen et l'hypocondrie, certes, c'est moi. Et cependant, j'ai envie de vivre, et je voudrais connaître un peu la sécurité, la gloire, le contentement de moi-même. Quelque chose de terrible me dit cependant : *essaye.*

De tant de plans et de projets, accumulés dans deux ou trois cartons que je n'ose plus ouvrir, qu'est-ce que j'exécuterai ? Jamais rien peut-être.

Paris, le 6 mai 1861

Ma chère mère, si tu possèdes vraiment le génie maternel et si tu n'es pas encore lasse, viens à Paris, viens me voir, et même me chercher. Moi, pour mille raisons terribles, je ne puis pas aller à Honfleur chercher ce que je voudrais tant, un peu de courage et de caresses. À la fin de mars je t'écrivais : *nous reverrons-nous jamais* ? J'étais dans une de ces crises où on voit la terrible vérité.

Je donnerais je ne sais quoi pour passer quelques jours auprès de toi, le seul être à qui ma vie est suspendue, huit jours, trois jours, quelques heures.

Tu ne lis pas assez attentivement mes lettres, tu crois que je mens, ou au moins que j'exagère quand je parle de mes désespoirs, de ma santé, de mon horreur de la vie. Je te dis que je voudrais te voir, et que je ne puis pas courir à Honfleur. Tes lettres contiennent de nombreuses erreurs et idées fausses que la conversation pourrait rectifier et que des volumes d'écriture ne suffiraient pas à détruire.

Toutes les fois que je prends ma plume pour t'exposer ma situation, j'ai peur ; j'ai peur de te tuer, de détruire ton faible corps. Et moi, je suis sans cesse, sans que tu t'en doutes, au bord du suicide. Je crois que tu m'aimes passionnément ; avec un esprit aveugle, tu as le caractère si grand ! Moi, je t'ai aimée passionnément dans mon enfance ; plus tard, sous la pression de tes injustices, je t'ai manqué de respect, comme si une injustice maternelle pouvait autoriser un manque de respect filial ; je m'en suis repenti souvent, quoique, selon mon habitude, je n'en aie rien dit. Je ne suis plus l'enfant ingrat et violent. De longues méditations sur ma destinée et sur ton caractère m'ont aidé à comprendre toutes mes fautes et toute ta générosité. Mais, en somme, le mal est fait, fait par tes imprudences et par mes fautes. Nous sommes évidemment destinés à nous aimer, à vivre l'un pour l'autre, à finir notre vie le plus honnêtement et le plus doucement qu'il sera possible. Et cependant, dans les circonstances terribles où je suis placé, je suis convaincu que l'un de nous deux tuera l'autre, et que finalement nous nous tuerons réciproquement. Après ma mort, tu ne vivras plus, c'est clair. Je suis le seul objet qui te fasse vivre. Après ta mort, surtout si tu mourais par une secousse causée par moi, je me tuerais, cela est indubitable. Ta mort, dont tu parles souvent avec trop de résignation, ne corrigerait rien dans ma résignation ; le conseil judiciaire serait maintenu (pourquoi ne le serait-il pas ?), rien ne serait payé, et j'aurais par surcroît de douleurs, *l'horrible sensation d'un isolement absolu.* Moi, me tuer, c'est absurde, n'est-ce pas ? « Tu vas donc laisser ta vieille mère toute seule », diras-tu. Ma foi ! si je n'en ai pas strictement le droit, je crois que la quantité de douleurs que je subis depuis près de trente ans me rendrait excusable. « *Et Dieu !* » diras-tu. Je désire de tout mon cœur (avec quelle sincérité, personne ne peut le savoir que moi !) croire qu'un être extérieur et invisible s'intéresse à ma destinée ; mais comment faire pour le croire ?

(L'idée de Dieu me fait penser à ce maudit curé. Dans les douloureuses sensations que ma lettre va te causer, je ne veux pas que tu le consultes. Ce curé est mon ennemi, par pure bêtise peut-être.)

Pour en revenir au suicide, une idée non pas fixe, mais qui revient à des périodes épisodiques, il y a une chose qui doit te rassurer. Je ne puis pas me tuer sans avoir mis mes affaires en ordre. Tous mes papiers sont à Honfleur, dans une grande confusion. Il faudrait donc, à Honfleur, faire un grand travail. Et une fois là-bas, je ne pourrais plus m'arracher d'auprès de toi. Car tu dois supposer que je ne voudrais pas souiller ta maison d'une détestable action. D'ailleurs tu deviendrais folle. Pourquoi le suicide ? Est-ce à cause des dettes ? Oui, et cependant, les dettes peuvent être dominées. C'est surtout à cause d'une fatigue épouvantable qui résulte d'une situation impossible *trop prolongée.* Chaque minute me démontre que je n'ai plus goût à la vie. Une grande imprudence a été commise par toi dans ma jeunesse. Ton imprudence et *mes fautes anciennes* pèsent sur moi, et m'enveloppent. Ma situation est atroce. Il y a des gens qui me saluent, il y a des gens qui me font la cour, il y en a peut-être qui m'envient. Ma situation littéraire est plus que bonne. Je puis faire ce que je voudrai. Tout sera imprimé. Comme j'ai un genre d'esprit impopulaire, je gagnerai peu d'argent, mais je laisserai une grande célébrité, je le sais – pourvu que j'aie le courage de vivre. Mais ma santé spirituelle ; détestable ; – perdue peut-être. J'ai encore des projets : *Mon cœur mis à nu*, *des romans*, deux *drames*, dont un pour le Théâtre-Français, tout cela sera-t-il jamais fait ? *Je ne le crois plus.* Ma situation relative à l'honorabilité, épouvantable – c'est là le grand mal. Jamais de repos. Des insultes, des outrages, des avanies dont tu ne peux pas avoir l'idée, et qui corrompent l'imagination, la paralysent. Je gagne un peu d'argent, c'est vrai ; *si je n'avais pas de dettes, et si je n'avais plus de fortune*, JE SERAIS RICHE, médite bien cette parole, je pourrais te donner de l'argent, je pourrais sans danger exercer ma charité envers Jeanne. [...] – Tout cet argent fuit dans une existence dépensière et malsaine (car je vis très mal) et dans le paiement ou plutôt dans l'amortissement insuffisant de vieilles dettes, dans des frais d'huissiers, de papier timbré, etc.

Tout à l'heure, j'en viendrai aux choses positives, c'est-à-dire actuelles. Car en vérité, j'ai besoin d'être sauvé, et toi seule peut me sauver. Je veux tout dire aujourd'hui. Je suis seul, sans amis, sans maîtresse, sans chien et sans chat, à qui me plaindre. Je n'ai que le portrait de mon père, qui est toujours muet. [...] Qui sait si je pourrai une fois encore t'ouvrir toute mon âme, *que tu n'as jamais appréciée ni connue !* J'écris cela sans hésitation, tant je sais que c'est vrai.

Il y a eu dans mon enfance une époque d'amour passionné pour toi ; écoute et lis sans peur. Je ne t'en ai jamais tant dit. Je me souviens d'une promenade en fiacre ; tu sortais d'une maison de santé où tu avais été reléguée, et tu me montras, pour me prouver que tu avais pensé à ton fils, des dessins à la plume que tu avais faits pour moi. Crois-tu que j'aie une mémoire terrible ? Plus tard, la place Saint-André-des-Arts et Neuilly.

De longues promenades, des tendresses perpétuelles ! Je me souviens des quais, qui étaient si tristes le soir. Ah ! ç'a été pour moi le bon temps des tendresses maternelles.

Je te demande pardon d'appeler bon temps celui qui a été sans doute mauvais pour toi. Mais j'étais toujours vivant en toi ; tu étais uniquement à moi. Tu étais à la fois une idole et un camarade. Tu seras peut-être étonnée que je puisse parler avec passion d'un temps si reculé. Moi-même j'en suis étonné. C'est peut-être parce que j'ai conçu, une fois encore, le désir de la mort, que les choses anciennes se peignent si vivement dans mon esprit.

Plus tard tu sais quelle atroce éducation ton mari a voulu me faire ; j'ai quarante ans et je ne pense pas aux collèges sans douleur, non plus qu'à la crainte que mon beau-père m'inspirait. Je l'ai cependant aimé, et d'ailleurs j'ai aujourd'hui assez de sagesse pour lui rendre justice. Mais enfin il fut opiniâtrement maladroit. Je veux glisser rapidement, parce que je vois des larmes dans tes yeux.

Enfin je me suis sauvé, et j'ai été dès lors tout à fait abandonné. Je me suis épris uniquement du plaisir, d'une excitation perpétuelle ; les voyages, les beaux meubles, les tableaux, les filles, etc. J'en porte trop cruellement la peine aujourd'hui. Quant au Conseil judiciaire, je n'ai qu'un mot à dire : je sais aujourd'hui l'immense valeur de l'argent, et je comprends la gravité de toutes les choses qui ont trait à l'argent ; je conçois que tu aies pu croire que tu étais habile, que tu travaillais pour mon bien ; mais une question pourtant, une question qui m'a toujours obsédé : comment se fait-il que cette idée ne se soit pas présentée à ton esprit : « Il est possible que mon fils n'ait jamais, au même degré que moi, l'esprit de conduite ; mais il serait possible aussi qu'il devînt un homme remarquable à d'autres égards. Dans ce cas-là, que ferai-je ? Le condamnerai-je à une double existence, contradictoire, une existence honorée, d'un côté, odieuse et méprisée de l'autre ? Le condamnerai-je à traîner jusqu'à la vieillesse une marque déplorable ; une marque qui nuit, une raison d'impuissance et de tristesse ? » Il est évident que si ce Conseil judiciaire n'avait pas eu lieu, tout eût été mangé. Il eût bien fallu conquérir le goût du travail. Le conseil judiciaire a eu lieu, *tout est mangé et je suis vieux et malheureux.* [...]

Je t'en supplie, le repos, donne-moi le repos, le travail, et un peu de tendresse. [...]

Adieu, je suis exténué. Pour rentrer dans les détails de santé, je n'ai ni dormi, ni mangé depuis presque trois jours ; ma gorge est serrée. – Et il faut travailler.

Non, je ne te dis pas adieu ; car j'espère te revoir.

Oh ! lis-moi bien attentivement, tâche de bien comprendre.

Je sais que cette lettre t'affectera douloureusement, mais tu y trouveras certainement un accent de douceur, de tendresse, et même encore d'espérance, que tu as trop rarement entendus.

Et je t'aime.

C. B.

En 1866, le poète est victime de troubles cérébraux, puis de paralysie. Caroline Aupick va le chercher à Bruxelles, où il vit depuis deux ans, et le ramène à Paris où il sera transporté dans une maison de santé. Il s'y éteint dans ses bras, le 31 août 1867.

Françoise Dolto

« D'autre part, si différentes que s'affirment – nous devons le reconnaître – nos manières de voir, maman, mon affection pour toi n'en est que plus nette et sûre… »

Éclosion

Françoise Marette (1908–1988) est le quatrième enfant de Suzanne et Henry Marette. Très jeune, elle s'interroge sur les malentendus et les non-dits qui existent entre les enfants et les adultes, et, dès l'âge de huit ans, elle décide de devenir « médecin d'éducation. » Françoise a 11 ans lorsque sa sœur Jacqueline meurt d'un cancer des os à l'âge de 18 ans. Jacqueline était la préférée de leur mère, chez qui ce deuil entraîne de forts troubles psychologiques. On insinue que Françoise n'aurait pas assez prié pour sauver sa sœur, et elle croit comprendre que sa propre disparition aurait été moins douloureuse pour la famille… Rongée par la culpabilité, elle consacre toute son énergie à se faire accepter.

Deux ans après la mort de Jacqueline, sa mère met au monde un garçon alors qu'elle rêvait d'une autre fille. Françoise tente de la consoler.

Mardi 26 septembre 1922

Chère Maman,

Aujourd'hui je n'ai pas beaucoup de temps pour écrire. Mademoiselle m'a dit que tu ne pouvais pas te faire à un 5e garçon. Je comprends bien ton chagrin, surtout dans ces temps-ci, mais regarde, c'est peut-être mieux. Plus tard si cela avait été une fille tu n'aurais pas pu la laisser d'une minute jusque dans 13 ans et dans 13 ans, tu voudras peut-être faire des voyages, et puis il aurait fallu que tu la sortes dans le monde dans 20 ans. Tandis que comme cela, ce sera peut-être très dur pour toi jusque dans 5 ou 6 ans mais après, je me marierai et je resterai avec toi, je te donnerai beaucoup de petits enfants et naturellement des petites filles. Puisque toi tu n'as que des garçons, moi je n'aurai que des filles.

Et tu viendras chez moi, je te soignerai, tu seras aimée par tes petits-enfants. Et puis je m'occuperai de mon jeune frère qui dans ce temps-là aura l'âge de Jean. Et puis tu sais il ne faut pas t'ennuyer pour moi, parce que je ne te quitterai jamais. Je choisirai un mari qui veuille avoir beaucoup d'enfants et ne pas s'éloigner de toi.

Au contraire, tu te prépares un avenir très agréable ou mieux, le plus familial possible. Maintenant j'ai presque 14 ans. Plus que 2 ans d'études et après je resterai avec toi. En somme tu vois, tout est bien. [...]

Je t'embrasse bien fort et Jacques et Papa aussi.

F. Marette

De 1925 à 1929, Françoise ne suit aucun cursus scolaire. Sa mère ne lui imagine pas d'autre avenir que le mariage et redoute que l'exercice d'un métier ne handicape ce projet. Françoise se met à apprendre la céramique, la faïence, le moulage et le dessin. Lorsqu'elle gagne quelques concours d'affiches, ses parents lui défendent d'aller plus loin.

En 1929, sa mère l'autorise enfin à entrer à l'école d'infirmières, espérant que cette expérience la dégoûtera du métier de médecin ; elle est diplômée l'année suivante. Au mois de septembre 1931, elle séjourne chez des amis, en Provence, où elle passe un très heureux moment. Mais elle reste soucieuse de ne pas déplaire à sa mère.

26 septembre 1931

Ma chère Maman, comme je suis confuse que tu m'écrives ainsi chaque jour, tu as déjà tellement de lettres à écrire. [...]

Tu me dis dans ta lettre de mercredi de rester en faisant prolonger mon billet. Les D. insistent tellement et si gentiment depuis que je suis arrivée, que ce matin, j'ai accepté. Je te demande bien pardon, j'ai du remords maintenant. Ce n'est pas chic de ma part, surtout que je vais manquer ton anniversaire. Ne m'en veux pas trop, dis. En t'écrivant cela j'ai tellement de peine d'être si égoïste que j'ai les yeux pleins de larmes. Tu sais, je t'aime beaucoup ; je suis dégoûtée de moi maintenant. Si tu me voyais, je crois que tu te moquerais de moi. Je suis là, devant mon papier, à pleurer comme une idiote. J'ai tellement de remords de m'amuser pendant que tu t'ennuies. Quand je pense à tout ce que tu es pour moi, et que exprès je vais prolonger de mon plein gré ton ennui et ta peine. Je ne sais plus quoi faire... pardon, maman, pardon...

Trois jours plus tard, même imploration : « Je te demande pardon de te faire quelquefois – j'espère que ce n'est pas plus – de la peine en n'étant pas ce que tu voudrais que je sois. Je devrais ne te donner que de la joie. Je te demande bien pardon. Ne m'en veux pas, dis, car je t'aime. »

Françoise persiste dans son vœu d'entreprendre des études de médecine, mais elle devra attendre que son frère cadet, Philippe, se prépare au concours pour s'y présenter avec lui. Ils sont tous les deux admis le 1er juillet 1932. Le 11 février 1934, elle rompt ses fiançailles avec Edmond D., comprenant qu'ils ne seront jamais que des amis. Le 17, encouragée par son père, elle commence sa cure psychanalytique avec René Laforgue.

Le 26 juillet 1934

Chère Maman,

[…] Je me rends très bien compte, tu sais, de l'humiliation que je t'ai causée, de la déchirure profonde que tu as ressentie à propos de moi cette année. Je ne me suis pas montrée digne de toi, de ton énergie, de ta volonté, de ta grandeur morale ; aussi ce qui m'a touchée c'est ton attitude de pitié à mon égard. Je te remercie beaucoup. Tu me reproches peut-être en me lisant d'être sèche, je le crains et si tu voyais pourtant le fond de moi-même pendant que j'écris tu verrais que cela ne vient que de l'impossibilité de faire des phrases mais que je ne pense pas sèchement. Après tout ce que tu as passé pour moi et à cause de moi je voudrais tant que tu sois un jour de nouveau fière de moi, et sans en espérer tant, que tu comprennes mon affection et mon désir de devenir une femme digne de toi, même si je ne peux pas t'imiter en tout, faute de moyens. Je me rends compte de tout ce qui me manque en comparaison de toi mais je suis sûre qu'en sachant me contenter de ce que j'ai reçu je pourrai quand je serai parfaitement guérie fonder une famille où tous seront heureux. C'est mon plus cher désir et ce sera n'est-ce pas le meilleur moyen de te remercier de m'avoir donné la vie… et le reste.

À bientôt ma chère maman. Je t'embrasse. Je sais que tu ne peux pas oublier et je ne te demande que pardon. […]

Sa mère lui répond : « Merci de ta lettre, ma chère petite ; je sens que tu l'as écrite avec une réelle affection pour moi, avec une certaine gêne aussi qui te fait dire des choses que tu ne dois pas penser dans le fond, et que je ne veux pas laisser passer. J'ai peut-être de l'énergie et de la volonté […] Mais, je n'ai pas de grandeur d'âme. Je tâche de faire mon devoir. Je tâche de faire mon devoir en essayant de le comprendre et en tâchant de devenir, avec l'âge, plus indulgente. Mais, quoi que je sois, il ne faut pas essayer de m'imiter, vois-tu. Il faut que tu continues l'évolution commencée en cherchant dans le fond de ton être ton véritable « toi ». Il sera peut-être un peu semblable à mon « moi », car l'hérédité et l'éducation, les traditions nous rapprochent, mais il faut être toi-même. Tu es bien plus douée que moi sous beaucoup de rapports. Nous avons des qualités différentes. Il faut rester toi-même et solidement accrochée à ce que tu auras jugé être ta personnalité. »

En mai 1935, Françoise effectue un stage à l'hôpital Bretonneau dans le service de chirurgie infantile. En septembre, elle retourne en Provence et séjourne chez son analyste, René Laforgue. Elle assume enfin l'idée de ne pas ressembler à sa mère et lui écrit, le 28 septembre 1935 : « D'autre part, si différentes que s'affirment – nous devons le reconnaître – nos manières de voir, maman, mon affection pour toi n'en est que plus nette et sûre, étant indépendante, et on aime toujours suivre de loin ceux qui vous sont chers. »

En mai 1936, Françoise effectue un stage dans un service de psychiatrie infantile ; le 3 novembre, elle quitte sa famille pour emménager dans son premier appartement et note dans son agenda : « JOIE ! » Elle achève son analyse en mars 1937 et un an plus tard, elle adhère à la Société psychanalytique de Paris.

À la suite d'un incident survenu avec ses parents, son père lui écrit une lettre le 3 juin. Françoise met plusieurs jours à rédiger une très longue missive qu'elle qualifie de « confiante mise au point définitive », et dans laquelle elle fait le bilan de ses relations avec sa mère. Âgée de trente ans, elle réalise qu'elle a grandi « sans avoir eu de vraie jeunesse », dans l'ombre de sa sœur défunte, blonde aux yeux bleus adorée de sa mère, qui l'a maintenue dans une constante dévalorisation. À travers son père, c'est naturellement à elle qu'elle s'adresse…

Le 15 juin 1938

Cher Papa,

[…] Tout le reste de ta lettre se fait l'écho de revendications de ma pauvre maman. Je ne lui en veux pas – malgré tout le mal qu'elle a essayé de me faire dans ma réputation – sans parler pour le passé, de l'angoisse paralysante qu'elle créait en moi chaque fois que j'essayais d'aller de l'avant en me faisant croire que j'agissais mal.

L'évolution grandissante de la névrose de maman devait aboutir à me fermer la porte de la maison ; mais il lui fallait aussi m'en donner la responsabilité. C'est peut-être la seule raison qui donna à ce détail banal d'une porte fermée – *derrière* moi et non sur *elle* qui ne nous suivait pas du tout – l'envergure dramatique qu'il a eue. […]

Si maman avait un cancer lui en voudrais-je ? Et c'est un mal moral aussi grave dont elle est la proie et elle souffre terriblement.

Quand, après la mort de Jacqueline, elle est tombée dans sa grande dépression neurasthénique, aboutissant à la fièvre et au délire de Vic-sur-Cère, qu'a résolue la seule thérapeutique morale d'un jeune médecin psychologue, puis la grossesse et la naissance de Jacques, fallait-il lui en vouloir ? […]

À de rares instants maintenant – et seulement quand elle flanche physiquement – elle est lucide et se sent alors pleine de remords, se croyant responsable. Elle m'écrit alors – à moi, son autre fille – qui nécessairement devais être le point de départ (suivi d'une évolution centrifuge) de son délire de revendications – un mot touchant, comme il y a plusieurs semaines, 3 lignes affectueuses […] »

Si je suis pour elle chargée d'une si forte responsabilité, cela lui est nécessaire. C'est grâce à son attitude revendicatrice à mon égard qu'elle évite de tomber dans l'autodestruction après la mort de Jacqueline. Enfin je ne veux pas te faire un cours sur le cas de maman, vu objectivement. Je t'en ai dit assez dans l'opinion de quiconque – car nul au monde et à + forte raison pas Laforgue auquel toi et maman veulent donner ce rôle – ne m'a jamais parlé de tout ce que je te dis là. Toute seule je l'ai compris, en comprenant ma propre névrose entièrement calquée sur celle de maman. Aussi qui plus que moi peut le comprendre et l'en plaindre puisqu'à 20 ans j'étais déjà aussi malade qu'elle à 40 ans et que seule je n'aurais fait que mon malheur et celui de tous ceux que j'aurais aimés.

Je ne connais pas de mère – à moins qu'elle ne soit malade (ou dénaturée ce qui n'est pas du tout le cas de maman) qui puisse humainement détruire ainsi la réputation de son propre enfant. Surtout quand cette enfant en héritière de ce qu'il y a de meilleur en elle, réalise les rêves juvéniles de sa mère de la manière la plus honorable.

C'est le même acharnement – contre moi – qu'elle avait déployé en 1919-20 – contre elle-même – ayant à cette époque éprouvé de tels sentiments d'angoisse à vivre après la mort affreuse de Jacqueline qu'elle ne parlait que de sa responsabilité, et en était ainsi au point que tu sais – la mort pour elle appelée et désirée. »

Il faut que j'aie beaucoup souffert, si tu savais combien pour arriver à ce détachement – tout en lui conservant et même en ayant pour elle plus que jamais auparavant une tendresse filiale.

Les noirs souvenirs sont même oubliés, ou du moins se dissipent devant l'amour de la vie, des êtres, des choses que je découvre tous les jours.

La compassion et l'amour de Françoise pour sa mère sont réels. Ayant pansé les blessures de son enfance, elle a retrouvé confiance en elle et s'estime « prête à donner sa vie comme on donne un cadeau. » Devenue Françoise Dolto suite à son mariage en 1942, elle peut enfin se consacrer à son œuvre, La cause des enfants.

Honoré de Balzac

« Pauvre mère, comment te rendrai-je, quand te rendrai-je, et puis-je jamais te rendre en tendresse, en bonheur, ce que tu fais pour moi ? »

Culpabilité Culpabilité Culpabilité

Culpabilité

« Je n'ai jamais eu de mère... », déclare avec amertume Honoré de Balzac (1799-1850), à l'âge de trente ans. Dès sa naissance, il est mis en nourrice, puis en pension, et il souffrira toute sa vie de l'absence puis de la froideur d'une mère toujours pressée de le sermonner. Avant de se lancer dans l'écriture, Balzac est éditeur, puis imprimeur, et enfin fondeur de caractères. Ces expériences se soldent par des faillites qui le poursuivent sans relâche. Dépendant étroitement du soutien financier et pratique de sa mère, il devra concilier son ressentiment avec la gratitude que lui impose son concours.

Angoulême, 19 juillet 1832

Ma chère mère, tu as dû cependant recevoir une lettre de moi relativement à tout ce que tu me demandes par celle du 16, que je reçois aujourd'hui. Je t'ai expliqué pourquoi je n'écris plus de lettres et ne puis plus en écrire, je ne recommencerai pas l'explication ; ce que tu me dis sur mon silence est une de ces choses qui à moi aussi, me font, comme tu le dis, tenir mon cœur à deux mains ; car il est *incroyable* que je produise autant que je le fais, et j'obéis à la nécessité dans toute sa rigueur, aussi pour écrire, ai-je besoin de plus de temps que je n'en ai. Et quand je me repose, ce n'est pas pour reprendre ma plume. Il faudrait pourtant bien, ma pauvre mère, qu'entre nous, cela fût bien compris une fois pour toutes ; ou sinon je serais obligé de renoncer à tout commerce.

Que veux-tu que je te réponde sur le marchand de

fourrages ? Bon Dieu ! je travaille nuit et jour pour faire de l'argent et le payer. Je t'ai indiqué, sauf le cas de maladie, le moment où les *Conversations entre onze heures et minuit* et *la Bataille* seraient finies ; après ces deux livres, je ferai les *Trois cardinaux.* Ces trois ouvrages suffiront largement à tout avec un volume de *Contes drolatiques* et un volume de *Contes philosophiques.*

Or, n'ayant de l'argent que dans 40 jours, je ne puis rien faire avant ce terme, c'est une réponse générale ; car, à moins de tout vendre pour rien et me remettre nu comme un St Jean, je ne vois pas d'autre moyen de faire de l'argent. [...]

Maintenant, ma bonne mère, je suis arrivé avant-hier soir ici ; hier je me suis reposé, parce que la route, par cette chaleur m'avait horriblement fatigué, car j'avais fait à pied, le midi, le chemin de Saché à Tours.

Et j'allais, ce matin, entamer mon travail avec courage, lorsque ta lettre est venue *me désorganiser* complètement car c'est à en pleurer. Crois-tu qu'il soit possible d'avoir des pensées artistiques en voyant tout à coup le tableau de mes misères comme tu me les traces ? Crois-tu donc que, si je ne le sentais pas, je travaillerais ainsi ?

Je t'ai dit, les larmes aux yeux, et le cœur serré, qu'il était impossible que mon manuscrit fût prêt avant le 10 août, et le 10 août, il y aura 1 800 fr. Vois si tu peux à Paris arranger tout sur cette époque. Si je n'ai pas d'argent, eh bien je me laisserai poursuivre et je paierai des frais, ce sera de l'argent bien cher.

Tu vois que tout se résout par mon travail le plus assidu, et mon travail par la tranquillité.

Si Gosselin * s'avisait de ne pas m'envoyer d'épreuves,

---

* Charles Gosselin, qui publia aussi Lamartine, Hugo et Vigny, fut l'un des plus importants éditeurs du XIXe siècle.

ce serait du joli. Mais ce serait à ruiner ma réputation. Je déchirerais tous nos traités à la face de la terre. L'œuvre que je lui ai envoyée m'a coûté 30 jours et 15 nuits, et il me faut au moins deux épreuves. Je les attends avec impatience.

Je me lève à 6 heures je corrige *Les Chouans* puis je travaille 8 heures à *la Bataille* de 8 h à 4 heures du matin, et pendant le jour je corrige ce que j'ai fait la nuit ; voilà ma vie, en connais-tu de plus occupée.

Adieu, ma bonne mère, fais l'impossible, c'est ce que je fais de mon côté. Ma vie est un miracle perpétuel. Je t'embrasse de tout mon cœur et avec bien du chagrin, car je te rends aussi malheureuse que je le suis. Adieu.

Angoulême, 20 juillet 1832

Ma bonne et excellente mère, après t'avoir écrit si à la hâte, hier, je suis tombé dans l'attendrissement le plus complet en lisant celle que tu m'écris, et après une heure pendant laquelle je t'ai adorée, je ne me suis même pas senti la force de t'écrire, j'ai attendu à ce matin. Pauvre mère, comment te rendrai-je, quand te rendrai-je, et puis-je jamais te rendre en tendresse, en bonheur, ce que tu fais pour moi ? Non, j'en ai peur, et, cependant je l'espère. Si tu peux pendant cinq à six mois te charger de me représenter à Paris, et me laisser voyager, la bride sur le cou, je me débarrasserai de

Gosselin, je ferai *le Marquis de Carabas*, et un volume de *Contes drolatiques*, je deviendrai libre, et peut-être alors aurai-je fait quelque chose qui achèvera si bien ma réputation, et la mettra si haut, que tu en auras tous les jours un bonheur nouveau. Ma mère chérie, il faut que je te console un peu comme je me console moi-même, par des rêves !

Ici, je te dirai qu'un jeune homme *s'est trouvé mal* en apprenant que j'étais à la Poudrerie. Et les gens du *Cercle Constitutionnel* ont dit que si je voulais être député, ils me nommeraient malgré mes opinions aristocratiques.

Est-ce vrai, m'a-t-on attrapé ? Je ne sais, mais si cela est, cela augmente mon espoir. Il ne s'agit plus que de faire encore quelques efforts, et de ne pas manquer de courage.

Je suis mieux depuis huit jours, j'ai retrouvé ces inspirations qui, depuis ma chute, m'avaient abandonné. Je travaille beaucoup ; le café ne me faisait plus rien ; mais il me réussit maintenant. Seulement ma chasteté me gêne un peu, et m'ôte le sommeil.

Merci, ma mère aimée, de l'effort que tu fais pour ton pauvre enfant ; je voudrais te verser tous les trésors de son cœur d'un coup, mais avec le temps tu reconnaîtras combien je t'aime et quel est mon désir de te faire une belle et bonne vie. Aujourd'hui je ne puis t'exprimer qu'une bien profonde reconnaissance ; plus tard, tu jouiras de cette gloire dont je commence à ne plus trop désespérer et que mes travaux si opiniâtres et si chèrement payés me donneront peut-être ; et, tôt ou tard, la fortune les couronnera, car, aujourd'hui, je vois peu de talents qui n'aient pas leurs récompenses. Seulement aie bien soin de ta santé ; songe qu'il faut que tu vives, pour que je puisse m'acquitter, et que tu connaisses mon cœur. Oh ! comme je t'embrasserais si tu étais là ! […]

Adieu, ma bonne mère ; je n'ai pas voulu qu'un jour de plus se passât sans que tu saches combien je t'aime, et quelle tendresse tu as excitée en moi ; certes ce n'est pas le bienfait inépuisable de la pauvre mère qui l'a créée, mais tu sais, une goutte d'eau fait déborder un verre plein. […]

Il est probable que je ferai le tour de la Suisse, après toutes fois avoir publié *la Bataille* et *les Conversations.* Va donc voir Gosselin pour qu'il presse l'imprimeur. J'ai un désir dévorant de publier le IVe volume des *Contes philosophiques.*

Re-adieu, ma bonne mère, hein, l'on met plus d'une fois ses enfants au monde ? Oh, pauvres chéries vous aime-t-on jamais assez ; et quand serais-je un génie aussi haut que lord Byron et que Goethe ou quand serais-je à la tribune pour te donner autant de jouissances que je te donne d'angoisses. Je t'embrasse et te serre avec bonheur ; comprends tout ce que je ne t'écris pas.

Adieu, porte-toi bien.

Bien qu'ils entretiennent des liens étroits, Madame de Balzac continue à être cassante avec son fils. Incapable de s'épancher auprès d'elle, il clôt sa lettre du 22 septembre 1832 en ces termes : « Adieu, ma bonne mère aimée. Je t'embrasse de tout cœur, de toute âme. Oh si tu savais comme j'ai besoin en ce moment de pouvoir me jeter dans ton cœur, comme dans un asile d'affection entière, tu me mettrais un petit mot tendre dans tes lettres, et celle à laquelle je réponds n'a pas même un pauvre baiser. Il n'y a rien que… Adieu ! Ma mère, cela est bien mal. »

Puis le 30 septembre suivant : « Je t'en supplie, ma bonne mère, au nom de mes travaux accablants, ne m'écris jamais que telle œuvre est bonne, et telle autre mauvaise, tu me désorganises pour quinze jours. Tu as bien mal pris ce que je t'ai dit pour ta chèvre, et tu entends bien mal mes choses de cœur et d'affection. Je suis plus désespéré de cela que de tout. Mon Dieu, quand donc te reposeras-tu bien sur le cœur de tes enfants ? »

Dans La Femme de trente ans, *un recueil de nouvelles publiées entre 1830 et 1832, Balzac écrit : « Le cœur d'une mère est un abîme au fond duquel se trouve toujours un pardon. » Se sentant coupable de voir sa mère endurer des privations par sa faute, Balzac ne renoncera jamais à améliorer sa situation.*

(Paris, début novembre 1834)

Ma bonne mère bien aimée, Laure * m'a dit que tu n'allais pas très bien, ma mère chérie, je t'en supplie soigne-toi bien ! Prends bien soin de ta santé ; rien ne m'est plus cher au monde, je donnerais la moitié de mon sang pour te rendre la santé, et je garderais l'autre à ton service.

Ma mère, le jour où nous serons tous heureux par moi s'avance avec rapidité, je commence à recueillir le

* Sa sœur, épouse d'Eugène Surville.

fruit des sacrifices que j'ai faits cette année à un avenir plus complet. Encore quelques mois seulement, et je t'apporterai la vie heureuse, la vie sans soins dont tu as besoin. Tu auras tout ce que tu désires ; nos petites vanités ne seront pas moins satisfaites que les ambitions du cœur. Oh soigne-toi, dorlote-toi, je t'en prie. Si mes affaires me l'avaient permis, j'eusse été à Chantilly ; mais il faut que j'aille en Angleterre pour Surville et Laure, tu le sais ; puis j'ai beaucoup à payer ce mois-ci. Mon travail suffira. Tu n'as plus à te tourmenter de moi. Aie l'esprit en repos, et pense à ta santé ; conserve-toi pour un bonheur que je serai fier, heureux, que je serai bien heureux de t'offrir. [...]

Ma richesse, vois-tu, c'est ton bonheur, c'est ta satisfaction dans les choses de la vie. Oh ! bonne mère, vis donc pour voir mon bel avenir, soigne-toi bien. Si tu ne vas pas mieux, viens à Paris, consultons. Si j'allais en janvier à Vienne, je tâcherais d'avoir assez d'argent pour t'emmener ; un voyage te remettrait peut-être, et alors je tâcherai, ma mère chérie – allons, promets-moi de te soigner ; de ne pas tarder à venir ici consulter. Surtout n'aie point d'inquiétude, ne te tourmente plus. Merci de tes secours en 7bre. Laure va avoir, d'ici à quatre jours, neuf cents francs à toi, que je lui rendrai. Enfin, si tu avais quelque fantaisie, si tu avais besoin de quoi que ce soit, dis-le-moi, mère. Je me passe mes fantaisies, ce n'est pas pour que tu ne satisfasses pas les tiennes.

Adieu, bonne mère ; je t'embrasse, je te serre avec une effusion de cœur sans bornes, je voudrais que cette lettre te communiquât de ma santé, et que mes souhaits eussent la force de ma volonté. [...]

Madame de Balzac a longtemps inspiré à son fils des sentiments partagés, entre culpabilité et ressentiment. Dans ses lettres, il ne cessait de lui répéter sa gratitude, mais il ne lui pardonna jamais sa froideur et son manque de sensibilité. « Si vous saviez ce qu'est ma mère ! » écrivait-il à Mme Hanska, sa future épouse. « C'est à la fois un monstre et une monstruosité ! Dans ce moment, elle est en train de tuer ma sœur après avoir tué ma pauvre Laurence et ma grand-mère... Moi, j'ai failli rompre avec ma mère ; ce serait une nécessité. J'aime mieux continuer à souffrir. C'est une plaie que rien ne peut guérir. Nous l'avons crue folle. Nous avons consulté le médecin qui est son ami depuis trente-trois ans, et il nous a répondu : "Hélas ! Elle n'est pas folle, elle est méchante !" » Pourtant, lorsqu'il s'éteint, le 18 août 1850 à vingt-trois heures trente, alors que son épouse s'est retirée pour la nuit, c'est elle qui est restée, jusqu'au bout à son chevet.

Marcel Proust

« J'aimerais tant, et je veux si absolument, pouvoir bientôt me lever en même temps que toi, prendre mon café au lait près de toi. Sentir nos sommeils et notre veille répartis sur un même espace de temps aurait, aura pour moi tant de charme. »

Fusion

Jeanne Proust a toujours eu peur pour son fils Marcel (1871-1922), d'abord parce que sa grossesse s'est déroulée lors des plus violents affrontements de la Commune, ensuite parce que l'enfant qu'elle met au monde est fragile, nerveux, excessivement sensible. Jeanne Proust est une femme intelligente et cultivée, qui perçoit le génie de son fils et encourage sa vocation d'écrivain. Ses crises d'asthme chroniques lui donnent de bonnes raisons de le couver, et l'autorisent également à lui faire garder le lit afin qu'il poursuive ses lectures en toute tranquillité. Marcel et sa mère s'écrivent quotidiennement, il l'informe de son emploi du temps et lui confie son état de santé, comme ses états d'âme.

Fontainebleau, jeudi matin 22 octobre 1896

Ma chère petite Maman

Je suis redescendu comme asthme au niveau de Paris (je veux dire que je n'en ai pas plus qu'à Paris, du moins je le crois). Je dors moins bien (au moins qu'à Paris ces temps-ci). Malgré tout il y a un peu de bruit et cela me gêne beaucoup. Je suis bien ennuyé de ne pas pouvoir te réconforter par le récit de plaisirs quelconques. Mais jusqu'ici je n'ai pas eu la petite minute d'allégresse quelconque et de rêverie, même de bien-être. Mais peut-être est-ce seulement les commencements qui, avec moi, sont très longs. Hier, j'ai été marcher deux heures dans la forêt, dans la pluie. Mais cela ne m'a pas fait mal. En rentrant, j'avais si sommeil que sans pouvoir pour cela dormir, il m'a été impossible de travailler. [...]

Tu n'as pas été la même hier au téléphone. « Ce n'est plus ta voix. » Non, je ne m'installerai plus à Versailles ni nulle part. Si je ne reste pas à Fontainebleau, je reviendrai à Paris et n'en bougerai plus que quand on ne pourra pas faire autrement, quand nous nous déplacerons tous. Mais je prendrai une chambre aux Réservoirs ou peut-être dans un hôtel moins luxueux d'un endroit moins beau, et tous les jours j'irai y travailler. Mais je n'ai plus confiance dans les villégiatures. Ici du moins je puis aisément revenir et je serais soigné si j'étais malade. Si je ne t'avais pas téléphoné aujourd'hui à tout hasard, voici des livres que tu pourrais m'envoyer mais *illico*. Balzac *le Curé du Village*, *le Ménage de Garçon*, *la Vieille Fille*, *les Chouans*. Shakespeare ceux de mes volumes où il y a *Jules César* et *Antoine et Cléopâtre*. 1er volume de *Wilhelm Meister* et *Middlemarch* de G. Eliot. Je t'embrasse de tout mon cœur, j'ai un peu dans la poitrine de ce que papa appelle douleur intercostale (mais pas du tout avec gêne respiratoire, je ne suis pas du tout comme au Mont Dore ou à Paris quand je souffrais et toute la journée je respire parfaitement). Il fait toujours le même temps, ce qui n'empêche pas qu'hier il y a eu une grande chasse qu'on entendait au loin. Si Courteline vient dîner avec Léon Daudet un soir faut-il prévenir Robert *. Léon Daudet a trouvé Jean Lazard charmant. Moi je suis de l'avis de papa, au moins.

Mille baisers

Marcel

* Son frère Robert, né en 1873.

Je n'ai plus pris de Trional, car n'ayant pas de consolation toute prête je ne peux pas me payer le luxe d'être triste le soir suivant, mais je n'en dors pas plus pour cela. [...] Je me fais faire du feu toute la journée et j'ai peur de la note. Mais surtout je suis bouleversé à la pensée de ce qui a pu filer hier par ma poche de pantalon percée.

De son côté, Madame Proust lui écrit l'après-midi même (« As-tu travaillé ? À quelle heure te lèves-tu ? et couché ? Sois bien prudent avec leurs cuisinages et chauffages du soir. J'y pense chaque soir. ») Marcel reprend sa plume dans la soirée...

Jeudi, onze heures du soir (22 octobre 1896)

Ma très chère Maman,

Je t'écris dans une mélancolie bien grande. D'abord cet argent perdu (et j'en ai le soupçon volé car je me suis rendu compte qu'il n'était pas dans la poche percée) qui m'avait d'abord ennuyé prend des proportions fantastiques. Ce soir à travers le mal d'estomac, la soirée, etc., cela me poursuit comme un crime, envers vous, je ne sais. Enfin je comprends les gens qui se tuent pour un rien. Plus de trente francs ! Et à ce propos la chose la plus pressée à m'envoyer est de l'argent (envoie-m'en beaucoup trop et je tremble que ce ne soit pas assez) car sans cela je ne pourrais pas revenir si je m'y décidais. Je crois que la si mauvaise mine dont je te parlais ce matin vient un peu de l'estomac c'est-à-dire de l'iodure accrue et peut-être aussi de manger inattentivement. Je vais faire attention. Je n'ai pas encore pu travailler aujourd'hui, Lucien étant venu et il a d'abord été très gentil mais la soirée a mal fini. Nous nous sommes quittés en froid. Je te demande pardon de ne pas t'écrire une lettre plus folâtre mais à quoi cela servirait-il que je l'écrive si ce n'était pas pour tout te dire et ce soir, courant comme le père Grandet après mon argent, je suis exténué par le remords, harcelé par le scrupule, écrasé par la mélancolie. Je vais me coucher. [...]

Mille tendres baisers, mille tendres remerciements pour tes lettres.

Ton petit Marcel.

P. S. : Je te remets un petit mot après ma fumigation parce que j'ai peur que tout cela ne t'ennuie et mes remords deviennent mon remords. Je voudrais ne pas avoir écrit cette lettre et ne l'enverrai peut-être pas.

En 1900, Proust fait un voyage à Venise avec sa mère. Celle-ci, qui maîtrise l'anglais, le latin et l'allemand, devint sa collaboratrice : ils travaillent ensemble à la traduction de La Bible d'Amiens *de John Ruskin. Le jour, elle traduit mot à mot les passages qu'il réécrit la nuit dans le style qui est déjà le sien. Mais leur relation exclusive est aussi faite de tensions, qui s'expriment dans les nombreuses lettres qu'ils échangent même lorsqu'ils sont sous le même toit...*

(Vers la fin novembre, début décembre 1902)

Ma petite maman

Puisque je ne peux pas te parler je t'écris pour te dire que je te trouve bien incompréhensible. Tu sais ou devines que je passe toutes mes nuits dès que je suis rentré à pleurer, et non sans cause ; et tu me dis toute la journée des choses comme : « je n'ai pas pu dormir la nuit dernière parce que les domestiques se sont couchés à onze heures. » Je voudrais bien que cela soit ça qui m'empêche de dormir ! Aujourd'hui j'ai eu le tort, étouffant, de sonner (pour avoir à fumer) Marie qui venait de me dire qu'elle avait fini de déjeuner et tu m'en as instantanément puni en faisant, dès que j'ai eu pris mon Trional, clouer et crier toute la journée. J'étais par ta faute dans un tel état d'énervement que quand le pauvre Fénelon est venu avec Lauris, à un mot, fort désagréable je dois le dire qu'il m'a dit, je suis tombé sur lui à coups de poing (sur Fénelon, pas sur Lauris) et ne sachant plus ce que je faisais j'ai pris le chapeau neuf qu'il venait d'acheter, je l'ai piétiné, mis en pièces et j'ai ensuite arraché l'intérieur. Comme tu pourrais croire que j'exagère je joins à cette lettre un morceau de la coiffe pour que tu voies que c'est vrai. Mais tu ne le jetteras pas parce que je te demanderai de me le rendre pour si cela peut encore lui servir. Bien entendu si tu le voyais pas un mot de ceci. Je suis du reste bien content que cela soit tombé sur un ami. Car si sans doute à ce moment-là Papa ou toi m'aviez dit quelque chose de désagréable, certainement je n'aurais rien fait, mais je ne sais pas ce que j'aurais dit. C'est à la suite de ça que j'ai eu si chaud que je n'ai plus pu m'habiller et que je t'ai fait demander si je devais dîner ou non ici. À ce propos tu crois faire plaisir aux domestiques et me punir à la fois en me faisant mettre en interdit et en disant qu'on ne vienne pas quand je sonne, qu'on ne me serve pas à table, etc. Tu te trompes beaucoup. Tu ne sais pas comme ton valet de chambre était gêné ce soir de ne pouvoir me servir. Il a tout mis près de moi et s'est excusé en me disant : « Madame me commande de faire ainsi. Je ne peux pas faire autrement. » – Quant au meuble que tu m'as retiré comme un dessert, je ne peux m'en passer. Si tu en as besoin donne-m'en un autre ou alors j'en achèterai un. J'aimerais mieux me passer de chaises. – Pour ce qui est des domestiques, tu sais que je suis psychologue et que j'ai du flair et je t'assure que tu te trompes du tout au tout. Mais cela ne me regarde pas et je serai toujours content de seconder tes vues à cet égard quand tu m'en auras prévenu car je ne peux deviner que quand Marie a fini de déjeuner je m'expose à la faire renvoyer en lui demandant du feu dans une chambre où Fénelon et Lauris n'ont pu rester malgré leur paletot, et à fumer. Mais je suis affligé – si dans la détresse où je suis, toutes ces petites querelles me laissent bien indifférent – de ne pas trouver dans ces heures vraiment désespérées le réconfort sur lequel j'aurais pu pouvoir compter de ta part. La vérité c'est que dès que je vais bien, la vie qui me fait aller bien t'exaspérant, tu démolis tout jusqu'à ce que j'aille de nouveau mal. Ce n'est pas la 1re fois. J'ai pris froid ce soir ; si cela se tourne en asthme qui ne saurait tarder à revenir, dans l'état actuel des choses, je ne doute pas que tu ne seras de nouveau gentille pour moi, quand je serai dans l'état où j'étais l'année dernière à pareille époque. Mais il est triste de ne pouvoir avoir à la fois affection et santé. Si j'avais les deux en ce moment ce ne serait pas de trop pour m'aider à lutter contre un chagrin qui surtout depuis hier soir (mais je ne t'ai pas vue depuis) devient trop fort pour que je puisse continuer à lutter contre lui. Aussi j'ai voulu mais trop tard ravoir ma lettre pour M. Vallette *. D'ailleurs je pourrai lui écrire en sens contraire. Nous en reparlerons.

Mille tendres baisers.

Marcel

(Printemps 1903 ?)

Ma chère petite Maman

Ma sortie ne m'a pas oppressé mais j'ai fait la bêtise de rentrer à pied et je suis rentré glacé et etc. Mais j'ai pensé à toi avec tant de tendresse que si je n'avais craint de te réveiller je serais entré dans ta chambre. Est-ce le retour de l'asthme et de la fièvre des foins, ma vraie nature physique, qui m'a valu cette plénitude de ma vraie nature morale. Je ne sais pas. Mais il y avait

* Alfred Vallette, directeur du Mercure de France, avec qui Marcel Proust signera, en décembre 1902, un contrat pour la traduction de la *Bible d'Amiens*, et *Sésame et les lys* de John Ruskin.

longtemps que je n'avais pensé à toi avec ce paroxysme d'effusion. Fatigué en ce moment et n'écrivant plus que du bout des doigts j'ai peur de mal dire ce que je voudrais dire. Que le chagrin rend égoïste et empêche d'être aussi tendre. Mais surtout que depuis de longues années bien des déceptions que tu m'as causées par des mots qui pour être rares n'en ont pas moins fait époque pour moi par leur ironie méprisante, et leur dureté (bien que cela ait l'air paradoxal) m'avait beaucoup détourné de la culture d'une tendresse incomprise. Mais tout cela est absurde, car je suis fatigué, je ne saurais t'exprimer en ce moment tout ce que je pensais tout à l'heure

Et le moins que j'en pourrais dire,
Si je l'essayais sur ma lyre,
La briserait comme un roseau.

Mille tendres baisers

Marcel

Le docteur Proust décède brutalement le 26 novembre 1903, et ce deuil rapproche encore la mère et le fils.

(Vers décembre 1903)

Ma chère petite Maman je t'écris ce petit mot, pendant qu'il m'est impossible de dormir, pour te dire que je pense à toi. J'aimerais tant, et je veux si absolument, pouvoir bientôt me lever en même temps que toi, prendre mon café au lait près de toi. Sentir nos sommeils et notre veille répartis sur un même espace de temps aurait, aura pour moi tant de charme. Je m'étais couché à 1 heure 1/2 dans ce but mais ayant eu besoin de me relever il m'a été impossible de retrouver mon épingle anglaise (qui ferme et rétrécit mon caleçon). Autant dire que ma nuit était finie. J'ai cherché à en trouver une autre dans ton cabinet de toilette, etc., etc., et n'ai réussi qu'à attraper un fort rhume dans ces promenades (fort est une plaisanterie) mais d'épingle, pas. Je me suis recouché, mais sans repos possible.

Du moins très bien, tout de même, je charme la nuit du plan d'existence à ton gré, et plus rapprochée encore de toi matériellement par la vie aux mêmes heures, dans les mêmes pièces, à la même température, d'après les mêmes principes, avec une approbation réciproque, si maintenant la satisfaction nous est, hélas, interdite *. Pardon d'avoir laissé le bureau du fumoir en désordre, j'ai tant travaillé jusqu'au dernier moment. Et quant à cette belle enveloppe, c'est la seule que j'aie sous la main. Fais taire Marie Antoine et laisser fermée la porte de la cuisine qui livre passage à sa voix.

Mille tendres baisers.

Marcel

Je sens que je vais très bien dormir maintenant.

* Allusion au deuil causé par la mort du Dr Proust.

Ma chère petite Maman pour des raisons que je t'expliquerai je dînerai même si je ne dors pas (mais je vais tâcher de dormir un peu) excessivement tard. Comme j'espère que cela ne m'arrivera plus, je serais bien content de penser que tu ne m'attendras pas (9 h. 1/2 à peu près).

Si je pouvais t'embrasser (sans te parler) cela me ferait tant de plaisir. Alors viens vite avant l'extinction des feux. Ne viens pas puisque hélas on a déjà sonné et que tu t'es précipitée vers ma tante avec une ardeur que je n'ai jamais excitée.

Ma chère Maman,

J'ai peur dans la violence de la crise qui m'empêchait d'écrire de n'avoir pas donné à mon mot la forme qui t'aurait plu. Car j'aime mieux avoir des crises et te plaire que te déplaire et n'en pas avoir. En tout cas en ce moment je me contente de t'embrasser car je m'endors à la seconde même. Sans Trional donc pas de bruit. Ni de fenêtres. Je suis déjà endormi quand on te donne cela.

Madame Proust décède le 26 septembre 1905, alors que Marcel est âgé de 34 ans. À la question : « Quel serait votre plus grand malheur ? », il avait répondu : « Être séparé de maman. » Le deuil de celle que Léon Daudet appelait « la mère admirable » affectera longtemps l'écrivain, dont la santé ne cessera de se dégrader. L'année suivante, il s'installera boulevard Haussmann, dans un appartement tapissé de liège et hermétiquement clos. À l'abri de ces mondanités si décriées par sa mère, il sera libre dès lors de se consacrer exclusivement à son œuvre.

Germaine de Staël

« Je ne veux pas vous dire, maman, à quel point ma tendresse pour vous ajoute à la force de mon cœur. La vôtre est si pure qu'il faut faire passer par le ciel tous les sentiments qu'on lui adresse. »

Dévotion

La fille unique du banquier Jacques Necker, dernier grand ministre de Louis XVI, et de Suzanne Curchod fut élevée dans l'esprit protestant de son temps : moralité, tolérance, religion teintée d'humanisme. Mais la future Madame de Staël (1766-1817) se distingue aussi par de remarquables qualités intellectuelles encouragées par sa mère, qui lui dispense une éducation extrêmement riche. Madame Necker tient un salon fréquenté par toutes les grandes figures littéraires et politiques de son temps ; dès l'âge de douze ans, sa fille y a son tabouret. C'est également à cet âge que Germaine souffre d'une crise nerveuse sans doute liée au lourd programme d'études imposé par sa mère. Elle est alors envoyée en convalescence à Saint-Ouen, dans la maison de campagne de ses parents.

Ce samedi soir (début 1778 ?)

Ma chère Maman,

J'ai besoin de vous écrire. Mon cœur est resserré, je suis triste, et dans cette vaste maison qui renfermait il y a si peu de temps tout ce qui m'était cher, où se bornaient mon univers et mon avenir, je ne vois plus qu'un désert. Je me suis aperçue pour la première fois que cet espace était trop grand pour moi, et j'ai couru dans ma petite chambre pour que ma vue pût contenir au moins le vide qui m'environnait. Cette absence momentanée m'a fait trembler sur ma destinée. Vous trouvez en vous-même, ma chère maman, des consolations sans nombre, mais je ne trouve en moi que vous. Voilà ma raison, mon courage, et je sens que vos leçons m'ont appris à vous regarder comme la vertu même que vous m'enseigniez. Heureux cent fois si on ne devait suivre que les exemples de ceux qu'on aime ; mais aurait-on chéri la vertu si vous aviez été vicieuse ? Je maudis ce bal et tous mes goûts frivoles. Je me suis bien trompée lorsque j'ai cru que je m'y amuserais. Avais-je donc pensé que loin de vous j'aurais les mêmes yeux ?

Je suis avec respect, ma chère maman, la plus tendre des filles.

Necker

(Saint-Ouen, mi-mai 1778 ou 1779)

Ma chère Maman

Depuis que nous vous avons quittés, j'ai été aussi heureuse qu'il est possible de l'être loin de vous. C'est un bonheur bien restreint, cependant. Si quelque chose peut remplir un peu ce grand vide dans mon cœur, c'est lorsqu'un autre sentiment bien moins fort (la comparaison serait déraisonnable) vient me rappeler avec douceur combien je vous aime. C'est l'effet que produit sur moi toute la tendresse dont je suis susceptible pour les autres ; je la rapporte à vous comme un larcin que je vous fais, n'ayant pas assez de moi-même pour vous adorer ainsi que papa.

Mademoiselle Hubert est arrivée hier au soir, comme vous voyez, ma chère maman, et restera avec moi jusqu'à demain. Samedi est encore bien loin pour ne pas vous voir jusqu'à ce terme. Je ne vous parle sans cesse que de votre absence, pardonnez ; vous voulez que je vous dise tout ce que je pense. Loin de vous, le chagrin de ne pas vous voir m'occupe sans cesse, et quand je jouis de ce plaisir, cette seule idée m'occupe. Oui, maman, quand je vivrais mille ans pour vous contempler, si vous retourniez un instant la tête, il me semble que j'en serais encore jalouse. Adieu, ma tendre maman. Au travers de toutes mes folies, daignez voir que vous êtes aimée comme… que dirai-je de plus fort que : comme vous le méritez. Permettez-moi de vous embrasser mille fois, en vous serrant contre un cœur qui est à vous seule et à mon papa.

Je suis avec respect votre très humble et très obéissante fille,

Necker

P. S. : Nous vous envoyons les plus belles fleurs de notre jardin.

Bien que touchée par les lettres de sa fille, Madame Necker ne manque jamais de continuer à l'éduquer à travers ses réponses : « Ta lettre est d'un bon enfant ; je vois que tu es contente de toi-même, et dès lors j'en suis satisfaite aussi, car je n'ai pas besoin d'autre juge entre toi et moi que ton propre cœur ; mais ton style est un peu trop monté. Ne sors point ainsi au dehors de toi pour me louer et me caresser. C'est un défaut de goût assez commun à ton âge. Quand on a plus vécu, on s'aperçoit que la véritable manière de plaire et d'intéresser est de peindre exactement sa pensée sans charge et sans emphase ; alors elle a toujours quelque chose d'original et un caractère de vérité qui se perd dans les comparaisons tirées de trop loin. »

(mai 1779 ?)

Ma tendre maman,

Ce voyage à Marly m'a privée du bonheur de vous voir, mais a-t-il dérangé notre correspondance puisque vous m'avez écrit une des plus divines lettres qu'aucune fille au monde, excepté moi, ait jamais reçue ? Quelle que soit ma joie, lorsque j'ai de vos nouvelles, je ne puis désirer de recevoir plus souvent de vos lettres. N'en dois-je pas sentir tout le prix ? Je les baise cent fois. Ah ! ma chère maman, lorsque vous passez une demi-heure à m'écrire, ces moments se perpétuent pour moi et me rendent heureuse jusqu'au moment où je vous vois, et je puise dans vos yeux une nouvelle source de bonheur. Mais quelle sera mon ivresse lorsque je retournerai près de vous, que je serai sous les ailes de la meilleure de toutes les mères, que son exemple sera pour moi la plus excellente de toutes les leçons ! Ma joie n'aura plus de bornes, et je dirai bien au fond de mon cœur que les moments que je passerai près de vous, et de mon papa, seront les seuls heureux de ma vie. Jamais, ma chère maman, quelle que soit ma destinée, je ne trouverai de bonheur aussi pur que celui que je goûte maintenant ; en grandissant j'obéirai à un nouveau maître et je n'aurai jamais pour lui le quart de la tendresse que j'ai pour vous. Pardonnez cette réflexion, mais vous m'avez toujours parlé avec tant de raison et de franchise que j'espère qu'elle ne vous fâchera point. Je vais donc jouir de mon bonheur, ces jours étant les plus beaux de ma vie. [...]

Le mariage de Germaine est arrangé en 1785.

Ne voulant pas d'un catholique, ses parents cherchent dans l'aristocratie étrangère. De nombreux prétendants prestigieux sont écartés. Sa mère favorise un Anglais, William Pitt, alors ministre de George III ; mais devant le refus de sa fille, la famille se rabat sur l'ambassadeur de Suède, de dix-sept ans son aîné, le baron de Staël-Holstein. L'union est célébrée le 14 janvier 1786, dans la chapelle de l'ambassade.

Au fil des ans, Germaine se rapproche de son père et s'affranchit du joug de sa mère, dont elle déplore la froideur. Mais elle lui reste très attachée, et s'excuse à demi-mots d'avoir récusé le parti qu'elle lui destinait.

(Paris, 19 janvier 1786)

Ma chère Maman,

Je ne reviendrai pas ce soir chez vous. Voilà le dernier jour que je passe comme j'ai passé toute ma vie. Qu'il m'en coûte pour subir un tel changement ! Je ne sais s'il y aura une autre manière d'exister ; je n'en ai jamais éprouvé d'autres, et l'inconnu ajoute à ma peine. Ah ! je le sais, peut-être j'ai eu des torts envers vous, maman. Dans ce moment, comme à celui de la mort, toutes mes actions se présentent à moi, et je crains de ne pas laisser à votre âme le regret dont j'ai besoin. Mais daignez croire que les fantômes de l'imagination ont souvent fasciné mes yeux, que souvent aussi ils se sont placés entre vous et moi et m'ont rendue méconnaissable. Mais je sens en ce moment, à la profondeur de ma tendresse, qu'elle a toujours été la même. Elle fait partie de ma vie et je me sens toute entière ébranlée, bouleversée, au moment où je vous quitte. Je reviendrai demain matin, mais cette nuit je dormirai sous un toit nouveau. Je n'aurai pas dans ma maison l'ange qui la garantissait de la foudre ou de l'incendie. Je n'aurai pas celle qui me protégerait si j'étais au moment de mourir et me couvrirait devant Dieu des rayons de sa belle âme. Je ne saurai pas à chaque instant des nouvelles de votre santé. Je prévois des regrets de toutes les minutes. Je ne veux pas vous dire, maman, à quel point ma tendresse pour vous ajoute à la force de mon cœur. La vôtre est si pure qu'il faut faire passer par le ciel tous les sentiments qu'on lui adresse. Je les élève vers Dieu, je lui demande d'être digne de vous ; le bonheur viendra ensuite, viendra par intervalles, ne viendra jamais ; la fin de la vie termine tout, et vous êtes si sûre qu'il y en a une autre, si sûre, que mon cœur n'en peut douter.

Je ne finirais pas : j'ai un sentiment qui me ferait écrire toute ma vie. Agréez, maman, ma chère maman, mon profond respect et ma tendresse sans bornes. [...]

Curieusement, la réponse de Madame Necker, datée de janvier 1786, porte sur l'attitude que sa fille devra avoir non pas envers son époux, mais envers son père, en particulier après sa disparition : « Ta tâche est grande ; sur la terre je ne vivais que pour ton père, car tu étais pour moi une portion de lui-même. Eh bien, il faut que tu prennes ma place auprès de lui. Tu seras femme et mère ; pour réunir ces devoirs au premier, apprends à ton mari et à tes enfants que ton père doit être pour eux sur la terre le centre de tout. Toi-même alors deviendras leur trésor commun. Vos prières se réuniront vers le ciel, et je les entendrai. »

Les jeunes époux emménagent à l'actuel 94, rue du Bac, où, conformément à sa mère, Germaine de Staël tiendra un salon réputé. Après la chute du ministère de Necker, ses parents s'exileront dans leur château de Coppet, en Suisse, où Germaine les rejoindra durant son propre exil. Conformément à ses prémonitions, sa mère décède avant son mari, et leur fille tiendra jusqu'au bout une place privilégiée auprès de lui.

André Gide

« Ô maman, maman, que cela est effrayant de se sentir tellement aimé ! Quelle obsession morale, que ce perpétuel désir d'être digne ! »

Oppression

« Une incarnation de la vertu sans grâce, de la morale sans complaisance et de la religion sans amour. C'est la mère romaine des Anciens, la mère cornélienne des classiques, la mère virile des psychanalystes, qui donnera par réaction à son fils l'horreur des vertus romaines, de Corneille et de l'autorité. D'un mot, elle est la Puritaine. » C'est ainsi qu'André Gide (1869-1951) dépeint sa mère dans Si le grain ne meurt. *Issue de la bourgeoisie rouennaise protestante, Juliette Gide soumet son fils unique à une éducation empreinte de rigueur et de principes. Veuve à quarante-cinq ans, elle se consacre exclusivement à son André, alors âgé de onze ans. Pendant une dizaine d'années, leur relation est plutôt sereine, puis, le besoin d'émancipation du jeune homme s'affirmant, des tensions s'installent.*

Samedi soir (14 mai 1892)

Chère Maman,

Je reçois encore de toi une lettre terrible. Sur huit longues pages, 6 1/2 sont usées pour me convaincre de quelque chose. Ta véhémence pour me convaincre me montre à moi-même combien je suis peu convaincu. J'ai horreur de ces plaidoyers ; passe encore lorsqu'on apporte des sentiments nouveaux, mais tu peux bien penser que tous ceux que tu me donnes là, je les ai roulés dans ma tête jusqu'à l'archisatiété. Tu as une façon de vous pousser par les épaules pour vous faire passer où tu veux, tout en disant « Est-ce que tu ne crois pas que tu ferais bien de passer par là ? », qui rappelle trop le procédé du mendiant de *Gil Blas*, qui lui demande doucement sa bourse au bout d'un pistolet. Tout cela me prouve à quel point tu t'intéresses à moi, mais j'aime bien pour mes décisions ne relever que de moi-même : tu sais bien qu'elles n'ont lieu qu'après d'interminables délibérations. Tu ne t'étonneras pas que je ne réponde pas à tous les articles de ton réquisitoire, car ce serait ouvrir une discussion oiseuse, irritante, et qui me retirerait tout calme, inutile, enfin, comme toutes les discussions.

Encore une fois, et je t'en prie, tiens compte de ma supplique : ne cherche pas dans chacune de tes lettres à redresser mes idées fausses.

Rien de neuf à t'apprendre : hier soir, j'ai vu avec le plus grand plaisir *Le Vaisseau fantôme**. J'ai travaillé assez bien mon piano et mon écriture. Toujours de misérables lettres vous prennent le meilleur de votre temps. Sorti un peu dans l'admirable jardin anglais. Repris aujourd'hui une excellente leçon avec mon violoniste, où je commence à fort passablement jouer et jouir de nous deux. Mon jeune camarade de pension est fort gentil et pas bête, quoiqu'il n'ait pas l'air du contraire. C'est un futur écrivain, me dit-on. Il s'appelle Jules Brochet. Nous lisons ensemble, avec Mademoiselle Steidl, le matin et le soir une petite heure. C'est *Don Carlos* de Schiller et *Torquato Tasso* de Goethe. […]

Mon rhume est guéri depuis que je suis ici. Je vais fort bien, quoique mon état nerveux prouve une forme

* André Gide, qui souhaite améliorer sa connaissance de l'allemand, réside alors à Munich.

nouvelle, une façon de trémolo dans les extrémités, surtout quand je veux m'en servir, qui fait que l'écriture m'est extrêmement pénible.

À bientôt, chère Maman. Je t'embrasse bien fort.

Ton fils

André Gide

Durant sa jeunesse, la famille de Juliette Gide a déploré sa timidité, son manque de confiance en elle, et sa perpétuelle tendance à s'effacer pour laisser briller les autres. Même si sa personnalité se renforce après son mariage et sa venue à Paris, elle conservera toujours son tempérament réservé, comme l'atteste sa lettre à son fils datée du 16 octobre 1893, qui s'achève par « Adieu cher enfant, tendrement et bien profondément aimé, bien que tendresse et affection ne pétillent pas et ne bouillonnent pas à la surface comme chez toi. » Mais les crises de tuberculose de son fils lui causent une inquiétude presque obsessionnelle. Et André Gide supporte de moins en moins bien les lettres saturées d'instructions pour sa santé qu'elle lui adresse.

Lundi (16 juillet 1894), Champel

Ma bien chère maman,

Pourquoi tiens-tu tant à continuer cette opposition, soit ouverte, soit cachée, puisque tu vois que ma décision est prise ; toutes mes dépêches te le disent assez, et tu dois bien penser qu'après toutes les craintes que j'avais d'abord de ce retour, si maintenant je l'ai décidé, c'est qu'on me le permet et qu'il n'y a plus là d'imprudence. Je t'assure qu'il faut que j'aille rudement mieux, pour ne pas aller rudement plus mal à la suite de cette si pénible lettre : *tu ne m'écris pas une lettre qui ne soit dans le sens contraire de chacune de mes résolutions.* Plus les conseils, etc., etc. Cela est d'autant plus mauvais pour moi que tes lettres m'arrivent souvent le soir ; je les trouve dans ma chambre en montant me coucher, et c'est alors une nuit blanche ; impossible de trouver le sommeil ; les heures se passent à imaginer des réponses. Cela est harassant. Le matin, je me contente de t'envoyer une dépêche catégorique, espérant ainsi éviter les discussions : pas du tout, tu en profites pour insister à coups de maillets ou de caresses. Quand tu as résolu une chose… ah ! Et maintenant, voilà que tu commences une nouvelle série : ne passe pas l'hiver dans les montagnes, choisis les Baléares… Mais ce n'est pas aux Baléares, c'est à Charenton qu'on finira par m'envoyer… Il me prend des envies de filer dans une toute petite île où je ne pourrais recevoir aucune lettre… Laisse faire les choses, je t'en supplie, laisse-moi tranquillement aller mieux.

Ceci était résolu, accepte que cela le soit encore : *réunion à La Roque à partir du 1er août,* et ne me dis pas à présent qu'il n'y a pas de place pour Rouart ; *il faut qu'il y en ait, et il y en aura*, quand ce serait dans le garde-manger ; et ne m'appelle pas un Pacha qui tient tout le monde à ses ordres, car, en somme, je reviens autant pour les autres que les autres viennent pour moi. Et puisque j'ai résolu de revenir, ne t'obstine pas à me montrer dans chaque lettre les désavantages de ce retour.

Tout cela est d'autant plus insupportable que tu me forces à écrire à Guerville, à Drouin, aux Laurens, à Rouart, à Albert, pour leur affirmer qu'il n'y a rien de changé quoi que tu puisses leur en dire.

Je ne te dis pas comment je prends mes douches, de peur que tu ne me dises que je les prends mal, et je regrette de t'avoir dit que je dormais la fenêtre ouverte, puisque aussitôt tu m'as écrit que j'avais tort. D'ailleurs, puisque je reviens, nous pourrons causer de tout cela.

Je t'en prie, d'ici là, ne m'écris plus que les choses indispensables, à savoir que tu m'aimes bien et as grand désir de me revoir. Et dis-moi, je t'en prie, positivement ce qui va me guérir tout à fait : que je vais voir bientôt réunis là-bas mes cousines, les *Laurens*, *Drouin* et ROUART. Il me le faut, sinon je file à Madagascar à la prochaine lune. […]

Donc, au revoir. Surtout, ne va pas t'effrayer de cette lettre, où j'ai mis peut-être quelques plaisanteries un peu fortes pour toi, et crois que je suis plus profondément que jamais ton

André

Mais ne m'écris plus pour discuter, je t'en supplie.

Quelques mois plus tard, l'anniversaire de la mort de son époux donne à Juliette Gide l'occasion de faire un bilan de sa vie, et d'exprimer à nouveau l'amour qu'elle porte à son fils : « [...] Ce qui est ma joie bien douce et bien profonde, c'est que je suis assurée que tes facultés ne traîneront jamais sur quelque chose de bas, de vil, de sale, mais au contraire chercheront toujours l'idéal dans ce qui est bien, dans ce qui est beau et élevé, avec droiture d'âme. Cela, vois-tu, je ne puis dire le sentiment de profonde reconnaissance que j'en ai, et quelle mère heureuse et privilégiée je m'estime ; puis il me semble que ton père trouverait un fils digne de lui. » Dans sa réponse, André Gide évoque à demi-mots son homosexualité et ses craintes de voir sa mère souffrir du destin scandaleux qu'il a choisi d'assumer.

Mercredi (31 octobre 1894)

Chère maman,

Je reçois à l'instant ta lettre dernière. Que t'en dire ? Je voudrais t'embrasser, voilà tout. On travaille, on vit sa petite vie de tous les jours, on s'aime bien, on s'écrit – mais, certains jours, et tout à coup, le cœur a besoin de s'ouvrir et de parler d'une façon particulière ; on sent alors jusqu'à quelle profondeur l'affection peut descendre...

Ô maman, maman, que cela est effrayant, de se sentir tellement aimé ! Quelle obsession morale, que ce perpétuel désir d'être digne ! L'amour que j'ai pour toi, que j'ai eu pour mon père et pour Anna *, celui que j'ai pour Madeleine **, qui vous fait désirer que l'âme aimée puisse toujours vous reconnaître et, pour aller à vous, n'ait pas besoin de s'abaisser… Chère maman, que de fois je me suis effrayé à l'avance de ce que l'aventureuse vie que je m'en vais mener me réserve – aventures qui m'attirent parfois, puis que, pour toi, je crains. Je voudrais n'apporter à toi rien que l'hommage et l'estime des autres, et je crains pour plus tard beaucoup de haines et de condamnations. La vie tranquille et calme me tente, la vie près de toi, et peut-être que pour plus tard ni calme ni tranquillité ne seront la part de ma vie. Tu parles, maman chérie, de cet amour de vérité et de devoir que tu sens en moi ; tu ne te trompes pas, je le sens aussi bien – mais à qui le dois-je ? Et tu te dis reconnaissante ? Sois reconnaissante envers Dieu seulement de ce qu'il a fait germer les bonnes graines. Ces graines, mon père et toi vous les avez semées. Vous et Dieu les avez arrosées chaque jour. La reconnaissance remonte ; elle ne descend pas les années.

Chère maman, je t'écris mal ; Rouart est près de moi, et toute présence dérange ; il faut que ces pensées, je les aie bien dans tout le cœur et la tête, pour les retrouver sans plus de silence. […]

Il me semble que l'air d'ici me réussit ; je ne peux trop encore parler : je vais bien, mais j'ai été mieux ; il est vrai que voici les moments les pires, et que le vrai froid vaudra mieux, mais… je n'aime pas beaucoup te

* Anna Shackleton, gouvernante de Juliette Gide durant son adolescence, jeune Écossaise intelligente et cultivée qui devint son amie et tint une grande place auprès d'André Gide.

** Madeleine Rondeaux est la cousine d'André Gide, du côté maternel. Il l'épousera pour satisfaire aux convenances en 1895, peu après le décès de sa mère.

voir décréter comme cela, d'avance, arrêter dans ta volonté avec certitude, que je resterai ici tout l'hiver, et sans en bouger. Toutes ces décisions sont belles et bonnes, mais j'aimerais qu'on me dise s'il est vraiment hygiénique de passer… des semaines contre un poêle… Enfin ? ! je sors en attendant tant que je peux. Ma pelisse est arrivée – fort belle.

Si les 1 100 mètres d'ici t'effraient pour les hémorragies, pourquoi ne m'en as-tu jamais parlé de Saint-Moritz, où j'étais à 1800 m ? ? Les 1 100 équivalent à 1 400 comme froid, je le veux bien, mais n'équivalent jamais qu'à 1 100 comme décompression de l'air : voyons, maman ! […]

En hâte, au revoir – je suis très occupé.

Ton

André

Alger, lundi 1er avril 1895

Pauvre chère maman,

Qu'est-ce qu'il y a ? Pourquoi ces tristesses ? Que puis-je t'écrire ? Que puis-je faire pour vaincre cette persistante inquiétude ? Si je t'écris, tu vois la démence ou l'énervement dans mes lettres. Si je me tais, tu induis les pires choses de mon silence. Je t'ai télégraphié plusieurs fois que je vais bien et que tout va selon tes vœux.

Je vais bien ; je te le répète et te l'affirme, et seules

tes lettres, où tu me racontes toujours la même tristesse, m'empêchent d'être pleinement heureux. Le temps redevient beau et je ne crois pas avoir jamais joui tant du soleil. J'ai reçu ce matin l'argent attendu : je compte à présent partir en toute hâte, car te laisser dans cette surexcitation d'inquiétude est impossible. Te trouverai-je, à Montpellier ? Je ne le souhaite plus, te craignant souffrante et craignant que ma tante ne comprenne pas du tout ta souffrance. De sorte que, moi-même, je ne ferais qu'y passer. Je passerai à la poste de Marseille pour voir s'il n'y a rien de toi. Car peut-être éviterai-je le long détour de Montpellier pour te revoir plus vite. J'attendrai pour cela tes instructions. Je pense quitter Alger après-demain. Bien des bises et des meilleures à Marie.

Ton

André

Alger, vendredi 5 avril 1895

Chère maman,

Un vent froid recommence à souffler. De ma fenêtre, je vois trop la mer inclémente, et me souviens trop de mon horrible traversée pour ne pas désirer remettre de quelques jours mon voyage : résolution que ton aversion pour la nature te fera, j'espère, approuver.

Je regrette ce contretemps car j'ai grand'hâte de te revoir. Je sens, hélas ! que tout ce que je pourrai t'écrire à présent sert mal à te rassurer, et que rien ne te vaudra ma présence. Ton inquiétude me désole, et je ne la comprends pas bien ; je voudrais te parler longuement pour te montrer tout ce qu'elle a de chimérique.

Je ne veux plus discuter, si près du revoir, les quelques points qui te tiennent si fort au cœur.

Je voudrais te voir un peu plus d'acceptation des choses, car l'inquiétude ne les pourra changer. Je voudrais te voir, non pas plus de résignation, mais plus de confiance. Peut-être la fréquentation des Arabes fit-elle passer en moi de leur calme philosophie ; je m'habitue dans la vie à faire toujours plus grande la part de Dieu, ce qui est une façon de faire toujours plus petite la part de l'homme. Quand je t'écris ces phrases, tu y vois de la littérature, du sophisme, de l'infatuation, etc., tu n'y crois pas… – bien pis : tu ne crois pas au sentiment qui me les fait écrire. Alors, tant pis. Certaines pensées commencent à dominer ma vie : il est assez naturel que je songe à vivre et à écrire selon elles. Pourquoi commences-tu à me croire fou quand je commence à devenir sage ? Durant des mois, je n'air rien étudié que la *Vie*, celles des autres et la mienne, et le seul fait d'y voir toujours plus de mystère m'est une preuve que je la comprends toujours mieux. Dussé-je y perdre de mes plumes, j'ai voulu goûter à la vie plus directement et *à même* que je ne l'avais pu faire de mon philosophique observatoire, à vol d'oiseau ou dans les livres. J'y ai trouvé une saveur inoubliable et contenant plus d'ivresses qu'il n'en faut pour oublier Dieu ; mais, et peut-être dois-je cette grâce à mon éducation exaltée, je n'y ai point senti cette amertume que les poètes désenchantés prétendent y trouver. Tout ce que j'ai vu, je l'ai trouvé *admirable* ; n'y a-t-il pas là aussi une grande éducation ? Et cet argent que tu dis perdu et déplores, valait-il cette initiation ? S'il fallait, navire en détresse, pour sauver quelque bien, jeter à la mer le trop de la charge embarquée, je jetterais par-dessus bord plus volontiers tout ce que m'ont appris tous les livres, sentant que l'expérience de la vie est plus intime encore, plus spéciale, plus importante, et que Dieu parle là, sans l'aide des prophètes. Je sais que dans chaque être, fût-ce dans le plus fou, gît un peu de sagesse ; mais, plus je la connais, plus il me semble voir en Madeleine un rayonnement de sagesse céleste et infinie ; il me semble parfois n'avoir trouvé qu'en elle de la sagesse, et en pensant à elle, je voudrais dire ce que Goethe disait de Mme de Stein : « Elle voit, elle reflète les choses, sans passion. » Il y a plus d'intelligence en elle que tu ne sembles le croire, et tu devrais chercher à l'écouter, plutôt que de vouloir la conseiller.

Laisse faire les choses, et considère comme très sage ce que Madeleine a résolu. Il me semble toujours, lorsqu'on me parle d'elle ou de nous, que l'on est un peu à côté de la question, mais les amours des hommes ont cette fatuité de ne jamais se croire bien compris… […]

J'achève les Mémoires de Goethe ; tout est enseignement dans ce grand homme, et je m'instruis plus en apprenant comment Goethe se mouchait que comment communiait un concierge. Au reste, ces Mémoires sont fort peu intéressants par ce qu'ils racontent, et rien ne déçoit plus que la banalité volontaire de cette supérieure pensée. S'ils n'étaient écrits par Goethe, si Goethe avait fait écrire Eckermann à sa place, il n'y resterait plus à peine qu'un intérêt de document. Mais de Goethe, rien ne SURPREND, rien n'attache ; c'est une lente absorption. Et voilà pourquoi il est très difficile à comprendre. N'importe, j'aimerais que tu lises ces

Mémoires ; tu t'étonnerais peut-être, comme je le fis, de l'extraordinaire somme de folie que cet homme raisonnable entre tous put *absorber*, *faire sienne* et *neutraliser*, comme Mithridate, je crois, sut habituer son corps aux poisons. Et cela me rappelle cette phrase de Taine que citait Sorel en son *Discours* et que je vais citer imparfaitement : « La valeur d'un écrivain est en raison de sa capacité (de sa réceptivité) nerveuse. »

Au revoir, à bientôt, chère maman. Ton état d'inquiétude est bien plus inquiétant, je t'assure, que mon état de grand calme ; je fais une pleine eau dans la vie, et tu tires sur la corde de sauvetage au moment où j'admire la manière dont je nage. Tâche de te persuader que je vais parfaitement bien, que je ne suis fou que juste assez pour être poète, et que ce qui arrive plaît à Dieu.

Je suis ton profondément affectueux

André

Le vent augmente de force ; je ne puis dire encore quand je pourrai partir ; je t'en prie, écris-moi que tu n'es plus inquiète quand, je t'assure, tu ne t'inquiètes que des chimères que tu crées.

Juliette Gide décède le 31 mai 1895. Sa fin inspirera les premières lignes de Si le grain ne meurt : « Il était certain que maman ne reprendrait pas connaissance, de sorte que je ne me souciai pas d'appeler mes tantes auprès d'elle ; j'étais jaloux de rester seul à la veiller. Marie (« notre vieille bonne ») et moi nous l'assistâmes dans ses derniers instants, et lorsque enfin son cœur cessa de battre, je sentis s'abîmer tout mon être dans un gouffre d'amour, de détresse et de liberté. [...] Cette liberté même après laquelle, du vivant de ma mère, je bramais, m'étourdissait comme le vent du large, me suffoquait, peut-être bien me faisait peur. » C'est aussi à sa mère que Gide pense lorsqu'il écrit plus loin, dans le même ouvrage : « Les plus profondes similitudes ancestrales ne se révèlent que sur le tard. »

Vers la fin de sa vie, André Gide regrettera de n'avoir fait connaître que certaines facettes de la personnalité de sa mère, et dans Feuillets d'automne, *paru en1949, il retouchera l'image qu'il en a donnée : « Il me parut que parmi les fadaises ou les âneries d'alentour, quelques phrases d'elle, particulièrement sensées, jetaient un peu de désarroi dans la conversation générale ; les propos saugrenus aussitôt se dégonflèrent et rentrèrent dans leur néant, comme des fantômes au chant du coq. J'étais émerveillé et le lui dis, aussitôt que, échappés de cette* Vanity Fair, *nous nous retrouvâmes seuls, elle et moi. »*

Georges Bizet

« Malgré les efforts que tu as faits pour sembler gaie dans tes lettres, j'ai vu ta tristesse : cesse donc de chercher à me tromper à cet égard. »

Connivence

Pianiste talentueuse, sœur d'un des plus fameux professeurs de chant de Paris, la mère de Georges Bizet (1838-1875) a tôt fait de constater les dons exceptionnels de son fils pour la musique. Celui-ci est d'ailleurs admis comme auditeur au Conservatoire de Paris avant l'âge réglementaire de 10 ans. Premier prix de Rome en 1857, il part pour la Villa Médicis et engage alors une correspondance avec sa mère, à qui il confie aussi bien ses progrès que ses impressions sur la ville qui l'a conquis.

Rome, 16 mai 1858

Chère mère,

[...] Je m'attache à Rome de plus en plus. Plus je la connais, plus je l'aime. Tout est beau ici. Chaque rue, même la plus sale, a son type, son caractère particulier ou quelque chose de l'antique ville des Césars. Chose étonnante, les objets qui me froissaient le plus à mon entrée à Rome font maintenant partie de mon existence : les madones ridicules au-dessus de chaque réverbère, le fumier au milieu des places, les mendiants, etc. Tout cela me plaît et m'amuse, et je crierais au meurtre si on enlevait un seul tas de boue. [...]

Sans fausse pudeur, il lui livre également, dans une lettre du 25 juin 1858, ses sentiments sur les femmes :

L'Italienne vertueuse a toute mon admiration ; je l'estime et l'admire plus que Jeanne d'Arc ou Lucrèce. Moi qui espérais en quittant Paris n'avoir plus d'exemple de la légèreté des femmes, je suis bien tombé ! – Je suis sûr que tu es furieuse contre moi dans ce moment-ci, mais que veux-tu ? Vous autres, rares femmes vraiment vertueuses, qui vivez de dévouement et d'amour de la famille, vous ne voulez pas comprendre que vous avez mille fois plus de mérite que les saintes martyres. Vous ne le croirez jamais ; heureusement que nous le croyons pour vous...

Aimée Bizet est souvent souffrante, son fils s'en préoccupe régulièrement, adoptant même avec elle un ton paternel qui n'exclut pas les remontrances... Il lui écrit le 30 octobre 1858 :

Je n'ai pas besoin de te dire si ta dernière lettre m'a inquiété. Les nouvelles de ta santé m'ont fort affligé ; tu as beau me persuader que tu te soignes, je n'en crois rien. C'est si peu dans tes habitudes ! J'espère bien que ta prochaine lettre m'annoncera un mieux sensible.

Soigne-toi, je t'en prie, vois un médecin, en un mot, agis comme tout le monde : je ne connais que toi qui te refuses à croire que les soins puissent avoir une influence salutaire sur la santé.

Mais lorsque sa mère va bien, Georges peut à nouveau lui raconter sa vie, et lui faire part de ses sentiments anti-cléricaux...

Naples, 24 octobre 1859

Chère maman,

L'homme propose et Dieu dispose. Donc, au moment où je comptais quitter Naples, j'ai été collé au lit par un magnifique rhume accompagné de grippe, mal de gorge, douleurs, etc., etc. le diable, quoi ! J'ai tout d'abord refusé de voir un médecin, et, grâce à cette flamboyante idée, j'en ai été quitte pour douze jours de diète absolue. J'ai un peu maigri, mais j'ose affirmer que ce petit accident m'a fait le plus grand bien. Je fis une guerre mortelle aux côtelettes du pays. Il faut bien se remettre un peu ! Ce qui me contrarie fort, c'est d'être privé de tes nouvelles, mais je serai dédommagé à Rome.

Il paraît que j'ai un rapport excellent, le meilleur de l'année. Aussi m'attendent-ils à Rome avec impatience pour me faire payer cafés et cigares d'honneur. – Bien que ce rapport ne soit pas une affaire capitale, j'aime mieux qu'il soit bon que mauvais. Je n'en connais pas le texte, mais j'espère y trouver quelques enseignements salutaires. J'aimerais mieux cela que des éloges banaux.

On m'apporte des journaux français et j'y trouve la phrase suivante : « Naples est dans une agitation inconcevable. » Et je lâche le journal en riant aux éclats ! Ces messieurs sont décidément bien informés ! Naples agitée ! C'est trop drôle ! Mais, sur 450 000 habitants, il y en a plus de 300 000 qui ignorent ce que veut dire *liberté* ! Si tu voyais cette débauche bête et misérable, cette vanité impuissante et ridicule, qui vous dégoûtent à chaque pas ! Ah ! vive la France et les Français ! Là au moins il y a du cœur, il y a de l'honneur, et par-dessus tout, il y a de la franchise. Je ne connais rien d'irritant comme ces blafardes têtes de Basile que l'on gifle, regifle, surgifle et contregifle, sans obtenir autre chose que des paroles de paix et d'amour chrétien... qui se changent en un coup de couteau au coin de la rue suivante. Sans compter leurs âmes damnées, et les femmes, qu'ils vont corrompre dans les familles et qui répondent de leurs maris et de leurs enfants ! – Mais quelle mouche me pique ? Grâce à Dieu, je suis encore pur de tout contact avec les fils de Loyola *, et je n'ai pas envie de commencer. C'est singulier, plus je m'affermis dans mes croyances chrétiennes, et plus je déteste ceux qui sont chargés de nous les enseigner. Heureusement, on peut aimer Dieu sans aimer les curés. [...]

Et vite adieu. Bien des choses à tous, et pour vous deux, les plus saints et les plus chers de mes baisers.

Au printemps 1860, Aimée Bizet tombe à nouveau malade, c'est alors le premier sujet évoqué dans les lettres de son fils : « Bien que tu me parles le moins souvent possible

---

* Surnom des jésuites, d'après le nom de leur fondateur Ignace de Loyola (1491-1556).

de ta santé, il m'est impossible de ne pas deviner la vérité. Cette vérité, j'y tiens essentiellement, je la veux à tout prix. »

(28/04/1860)

[…] Si je savais jamais que tu me caches la moindre chose, j'aurais vite pris un parti… tu me comprends. Donc, je t'en supplie, tiens-moi bien exactement au courant : c'est le plus sûr, le seul moyen de me tirer d'inquiétude. Tu fais bien d'essayer de l'homéopathie. Suis avec religion les prescriptions du docteur. Nous avons ici un temps épouvantable, tout comme à Paris. Avec le beau temps, tu te rétabliras, j'en suis certain. […]

Puis, le 23 juin 1860 :

[…] Ton avant-dernière lettre m'avait désolé, la dernière m'a rassuré presque complètement. Je déplore et je comprends la faiblesse dans laquelle tu te trouves après d'aussi rudes assauts ; mais cela ne doit pas t'inquiéter, si le mal lui-même diminue. Dès qu'il disparaîtra, les forces reviendront. Tu as confiance en ton médecin, c'est déjà un point capital. Continue à te soigner, surtout fais en sorte que le moral soit meilleur que le physique : je suis persuadé que c'est là le plus important. Soigne-toi, encore une fois, n'épargne rien, évite toute fatigue, tout ennui, – autant que faire se peut, du moins. […]

Au mois d'août, il doit quitter Rome, et avoue à sa mère : « Et puis il était temps de quitter Rome, je l'aimais trop, jamais je n'ai tant pleuré... Je m'habituais trop à cette vie indépendante ; je m'étais créé des habitudes avec lesquelles il fallait briser. Décidément, c'est une mauvaise chose que d'être trop heureux... » Arrivé à Venise, Bizet reçoit une lettre l'informant que sa mère est gravement malade.

Venise, le 5 septembre 1860

Chère maman,

Je suis à Venise depuis deux heures. Tu as fait une bien grande imprudence en datant ta lettre de la maison de santé : la première lettre que me remet l'employé de la poste est celle-ci ; je l'ouvre et j'y vois ces deux lignes... Le coup a été terrible pour moi : le sang m'avait afflué aux yeux et au cœur, et je ne pouvais plus lire le reste de la lettre, je restais toujours sous cette triste impression. Enfin, après un quart d'heure de fureur, je crus trouver un prétexte suffisant contre un gondolier et je me précipitais sur lui avec la ferme intention de l'étrangler. Cet excellent Guiraud me l'arrache des mains. Deux minutes après je débarquais sur la place Saint-Marc : à la vue de cette splendide féerie, je revins à moi, et je pris la décision de partir tout de suite pour Paris. Guiraud, là encore, me fut utile : « Lis la lettre avant », me dit-il... et, dans cette lettre, je trouvai de quoi me tranquilliser un peu. Je lus les autres, je comparai les écritures, et je ne vis aucune altération.

Malgré les efforts que tu as faits pour sembler gaie

dans tes lettres, j'ai vu ta tristesse : cesse donc de chercher à me tromper à cet égard. Depuis quelque temps, tes lettres me faisaient craindre cette crise. Je compte sur cette Providence dont tu me parles pour triompher bientôt et complètement du mal : car ce serait en vain qu'elle m'aurait donné des succès et de belles espérances, et je me croirais dégagé de toute reconnaissance envers elle, si elle ne m'accordait la santé de ma mère. C'est là le premier bien que je désire, et le seul que je demande à Dieu ; pour ce qui me regarde, je m'en charge et n'ai besoin de personne.

À propos de moi : on va bientôt faire le rapport sur les envois de Rome. Je ne sais ce qui m'attend de ce côté-là, mais je viens te recommander de ne pas prendre en considération ce que diront ces messieurs. Je ne dépends pas d'eux, et leur approbation est ce dont je me soucie le moins. Je n'ai que faire de l'avis de MM. Auber, Clapisson, Carafa. Berlioz ne vient pas. Donc, c'est bien entendu : si le rapport est bon, il ne faut pas s'en réjouir ; s'il est mauvais, il ne faut pas s'en affecter.

J'attends ta prochaine lettre avec une vive impatience. Si tu as le moindre désir de me voir revenir tout de suite, dis-le-moi franchement : car, si je le devine malgré toi, je prends le premier train. Pas de biais entre nous. Malgré mon envie de te revoir, je reste, pensant que ma présence à Paris serait inutile et craignant même de te contrarier. Mais, si j'agis ainsi, j'exige en échange une entière franchise.

Adieu, chère et aimée maman : je tombe de sommeil, de fatigue : depuis deux nuits, je n'ai pas dormi, grâce aux insectes qui sont le plus bel ornement des hôtels de Padoue. Tout cela combiné avec le coup que m'a donné ta lettre et le vif regret que me cause certaine lettre de Rome, tout cela m'a mis à bout de forces physiques.

Adieu, à bientôt !

Lorsque Bizet rentre en France, il apprend que sa mère est incurable. Elle décède le 8 septembre 1861. C'est pour lui un coup terrible. Bizet compose plusieurs opéras qui ne connaissent aucun succès, y compris Carmen, *joué pour la première fois le 3 mars 1875. Le 3 juin suivant, Bizet s'éteint à l'âge de 36 ans. Des années après la mort de sa mère, il écrira à un ami : « Dans ces nuits, je ressens une forte angoisse. Je suis obligé de me renverser sur mon fauteuil et je crois voir entrer ma mère. Elle vient se placer à côté de moi et pose sa main sur mon cœur. Alors l'angoisse augmente, j'étouffe et il me semble que cette main pèse si lourdement qu'elle est la véritable cause de ma souffrance. »*

Jean Cocteau

« Tu es ma meilleure amie… mon meilleur ami et il faut remercier le hasard d'avoir ainsi voulu les choses, car je sais bien des mères trop dures pour leurs fils… »

Tendresse

Enfant, Jean Cocteau (1889-1963) est initié à la peinture par son père, un homme taciturne qui se tire une balle dans la tête alors que son fils n'a que neuf ans. Madame Cocteau se retrouve seule pour élever ses trois enfants. Issue d'une famille bourgeoise qui accorde une grande place à l'art et à la musique, elle les expose tout naturellement à une culture variée. Malgré tout, Jean, son fils cadet, refuse de grandir, et trouve dans la maladie un moyen d'accaparer son attention. Eugénie Cocteau restera pour lui une complice toujours prête à l'écouter, à le réconforter et à le comprendre, même si la mère possessive qui sommeille en elle ne perd jamais une occasion de se manifester.

À partir de 1907, sa sœur et son frère aînés ayant quitté la maison, Jean vit seul avec sa mère. Durant cet été, il séjourne au Val-André pour préparer son baccalauréat, auquel il échouera trois fois.

Mercredi (16 août 1907)

Ma maman chérie,

Ta lettre me rend joyeux, elle est gaie, j'étais triste je ne sais pas au juste pourquoi… et c'en est peut-être la raison. […]

Puisque tu me touches un mot au sujet de mon

avenir... sache que je suis à ce sujet mille fois moins léger qu'on ne pourrait le croire. Récemment encore j'hésitais sur la voie à suivre mais l'avis péremptoire d'un talent et d'un génie m'a poussé définitivement vers l'idéal que je me forge.

Ne crains rien, il y a sous mon apparente frivolité quelque chose de grand et de profond, que j'ai eu la volonté de masquer parce que... comme le dit Bataille, « Dans le monde il faut faire l'idiot pour ne pas avoir l'air d'un imbécile. » J'entends les flatteurs ; je ne les écoute pas... et je possède juste assez de raison pour savoir mieux que personne la valeur de ce que je fais.

Tu es ma meilleure amie... mon meilleur ami et il faut remercier le hasard d'avoir ainsi voulu les choses, car je sais bien des mères trop dures pour leurs fils... et qui pour cela n'ont plus leur confiance.

Si je me révolte quelquefois contre le devoir, c'est la jeunesse qui pointe ! Car la vie procure bien assez de douleur par elle-même... pour ne pas y chercher ce qu'elle a de consolant.

À réfléchir, je deviens meilleur... Il y a peu de temps... j'étais encore torturé de la platitude dogmatique dont la terre est pourrie... maintenant j'en souris... et la phrase charmante me revient... que m'écrivit madame Raoul-Duval * : « La compréhension est chose si rare qu'on ne saurait la vouloir chez tous... car c'est presque de l'amour. »

Vois-tu, maman, le bonheur consiste en ceci : « Prendre à la minute tout le suc qu'elle contient », c'est pourquoi j'ai, malgré de profondes tristesses, des compensations merveilleuses.

---

* Amie de Madame Cocteau à qui il dédiera la 5e partie de *La Lampe d'Aladin*.

« Zut pour les autres », j'entends par « autres » le clan indifférent ou hostile, et vivent les êtres aimés et la vie intérieure !

Après cela un baiser avec tout mon cœur.

Ton vieux

Jean

En 1910, Cocteau rencontre Serge de Diaghilev. « Étonne-moi ! » lui dit le directeur des Ballets russes. Cocteau racontera plus tard : « Cette phrase me sauva d'une carrière de brio. Je devinai vite qu'on n'étonne pas un Diaghilev. De cette minute, je décidai de mourir et de revivre. Le travail fut long et atroce. Cette rupture, je la dois comme tant d'autres à cet ogre. » Il décide alors de mettre un terme à son existence superficielle. Le 12 mars 1912, Jean Cocteau part pour l'Algérie où il séjourne en compagnie de son ami Lucien Daudet.

Grand Hôtel de l'Oasis, Alger
28 mars 1912

Maman chérie,

Nous avons enfin, après une semaine de plaintes niaises sur la fraîcheur délicieuse, le célèbre et très spécial sirocco.

Le mou, l'envahisseur, le pâle sirocco
Qui fait tomber la force et les noix de coco.

La ville moite respire à peine sous cette cloche silencieuse. Les montagnes prennent un aspect de mirage et sur la mer vierge, pour la première fois, des cent mille petites vagues blanches qui roulent à sa surface, une petite barque ressemble au berger qui aurait perdu ses moutons.

Ne t'épouvante pas ! J'ai un peu de mal de gorge, venu des sautes de température. Cela retarde notre fuite mais marche une bonne route. Je rêve d'Afrique, de campagnes environnantes, de chameaux et de sables. Partir serait ne jamais sans doute connaître toutes ces choses et c'est pourquoi je te réclame cette rallonge orientale.

Ton aspirine fait merveille et les grosses oranges blidesques * ajoutent au régime.

Chère maman, de quel cœur chaviré j'aime les endroits que j'habite ; que de tristesses, que de luttes multiples cette aptitude poétique me réserve. S'il me faut, à chaque départ, traîner après moi toutes les maisons, tous les arbres, toutes les personnes d'une ville et ne me décharger de cette douloureuse caravane que pour me rendre l'esclave d'une autre, peut-être vaudrait-il mieux une éternelle promenade entre ma baignoire et mon bocal japonais !

Si tu étais avec nous, peut-être ce voyage se prolongerait-il beaucoup. Biskra. Le ruisseau des singes. Tunis, Constantine, le val des Folles, et encore la paradisiaque Blida en compagnie de ta chère gentillesse et de ton admirable sens des belles heures, quel rêve pour le plaisir immédiat et notre mémoire commune.

---

* Originaires de la ville de Blida.

Si c'était possible (mais cela me semble impossible comme tout ce qu'on espère) *télégraphie-le-moi.* Je sais, avec quelle reconnaissance de chaque seconde, les sacrifices que t'impose ma joie d'être loin de notre ville néfaste, mais pour se créer ensemble de si bons souvenirs, le sage n'est-il pas d'être un peu, *si peu*, fous.

Le cauchemar de Paris, cauchemar qui serait la veille, puisqu'en somme c'est notre lot et mon état normal, s'efface au milieu de ce chaud remous avec une force confondante. [...]

Prendre garde à madame de J. * sorte de boa velu qui s'enroule au cou de tout le monde et se transforme au besoin en manchon pour qu'on enfouisse ses secrets dedans. [...]

Je t'aime.

Jean

Madame Cocteau lui répond le 1er avril : « Non, mon petit, je ne puis et ne veux aller à Alger. Ce voyage, je l'ai voulu pour toi seul avec ton ami et j'y ai sacrifié de tout mon cœur celui que je pensais faire avec toi à Florence. Je ne regrette rien puisque je te sens maintenant pris par le charme de ce que tu vis, de ce que tu as vu, ce qui renouvelle tes rêves de beauté et te donnera de nouveau l'occasion de dire et d'écrire de belles choses, mais il ne faut pas aller jusqu'à la

* L'écrivain Colette.

satiété démolisseuse des fraîches et nouvelles sensations. Il est dur de rompre des liens charmants, de s'arracher à la captivante attirance de l'Orient, tout cela je le sais, mais ma sagesse mûre qui ne veut plus de folie, qui ne sait plus en faire, me fixe ici d'où je te fais le geste de revenir quand tes ressources seront épuisées ce qui sera sans nul doute bientôt. Tu n'es pas de ceux qui font durer longtemps les subsides pour prolonger l'enchantement des choses. »

Malgré la tendresse et la complicité qui lient Jean Cocteau à sa mère, des tensions apparaissent parfois et imposent des mises au point. Celle-ci intervient alors que Madame Cocteau séjourne chez sa fille Marthe à Londres. Elle reproche à son fils sa négligence pour n'avoir pas transmis un paquet déposé par sa bonne Léonie. Piqué dans son orgueil, Jean lui répond :

Septembre 1915

Ma chère Maman,

Dieu me garde surtout de te faire la moindre morale, ce à quoi ni mon respect ni ma tendresse ne m'autorisent, mais simplement, je te signale une « attitude » dangereuse, en ce sens qu'elle se dénombre, se répercute, se transpose et installe une atmosphère de malentendu là où il ne devrait y avoir que de l'entente.

Cette attitude qui n'existe pas dans le peuple, où, même preuve en main, le fils a toujours raison contre la « dame » ou le « monsieur », consiste à donner d'instinct, en aveugle, de premier jet, raison au domestique contre le fils et le domestique allant du ministre à Cyprien en passant par Capus*.

Moi, lorsque M. Tartempion parle de Nietzsche, je n'écoute pas monsieur Tartempion, j'écoute Nietzsche et mon cœur. Hélas, en France, on aime le moindre, l'attaque d'en bas, la critique facile au pied des solitudes formidables.

Nous voilà loin de Léonie, d'un paquet et de l'hôtel Crillon – mais il n'existe rien qui ne rayonne à l'infini, qui n'entraîne du moindre au pire.

Le dommage, c'est que mon immense et tenace effort de noblesse, de calme, de travail après l'atroce gâchis de ma dix-septième à ma vingt-deuxième année ne t'apparaisse que comme une incartade fâcheuse et ce qui me fait pardonner ce gâchis comme un don amusant de parole.

Il m'arrive d'être très découragé, sachant que ces choses si belles, si hautes, ne s'expriment pas dans une maison mais se ressentent, lorsque je te vois prendre pour du désordre la ligne profonde que je me trace de jour en jour.

Certes, je ne te demande pas l'impossible – des générations, des empreintes, des erreurs solides ne se métamorphosent pas et, s'il existe des miracles, on les cite, « surtout, disait Bergson, chez les femmes. » Mais tout de même je te livre un secret, une martingale.

Le jour où on n'écoute plus « le domestique » on a l'oreille ouverte pour « le Maître. » [...]

Mille baisers.

Jean

---

* Alfred Capus (1858-1922), auteur et journaliste.

Madame Cocteau répond en ces termes : « C'est entendu que je suis une bonne femme toute simple, aussi ai-je eu bien de la peine à comprendre ton pathos en cinq pages, même avec l'aide de Marthe. J'ai eu tort de t'accuser puisque tu n'étais pas coupable mais même cela étant mille excuses plates à la suite pour mon erreur je ne pensais pas qu'elle me valut d'aussi injustes reproches sur mon attitude à ton égard et si je ne te connaissais à fond je croirais que c'est écrit pour m'empêcher de revenir dans le pays des malentendus puisqu'il paraît qu'il en existe de si graves entre nous.

Je n'ai jamais préféré assez personne d'autre que toi pour lui donner raison contre toi. Que ceci soit dit une fois pour toutes et n'en parlons plus. »

En effet, malgré ces orages et quelques crises souvent suscitées par la jalousie ou la possessivité, c'est toujours l'amour qui domine entre Jean Cocteau et sa mère. Leur relation est nourrie par une admiration mutuelle.

Le 6 juillet 1918, il lui écrit : « Merci surtout de ta tendresse qui me réconforte et m'aide à vivre malgré mille tracas. Si on savait ce qu'on peut obtenir de moi avec la tendresse, mon angoisse de solitude, et mon besoin d'entendre ceux qui m'aiment me le dire. Ceux !... il y a toi, en somme – et c'est tout – et c'est suffisant. Je t'aime et je t'embrasse. » Et, quatre jours plus tard : « Je suis d'une tristesse que tu connais puisque je la tiens de toi. Tristesse vague aux racines profondes, faite de motifs humains et inhumains. Je me tourne et me retourne dans la vie comme un malade dans un lit de fièvre. »

En 1942, à 87 ans, Eugénie Cocteau est très affaiblie. Elle vit retirée dans une institution religieuse de la rue de l'Assomption. Lors d'une visite de son fils, dans un délire provoqué par la maladie, elle l'accueille en ces termes : « Enlève tes souliers quand tu rentres de Condorcet.

Tes souliers salissent toute la maison. » Quatre ans auparavant, Cocteau écrivait dans Les Parents terribles *: « Aucune mère n'est le camarade de son fils. Le fils devine vite l'espion derrière le camarade et la femme jalouse derrière l'espion. »*

Théophile Gautier

« Envoyez-moi des masses de copie de famille ou je vous donne ma malédiction et je vous déshérite. »

Fantaisie

Tout a commencé par un exil. Le jeune Théophile Gautier (1811-1872) ne s'est jamais tout à fait remis d'avoir quitté Tarbes, à l'âge de trois ans. Sa mère, Adèle, était la fille d'un intendant de l'abbé de Montesquiou, l'héritier de la plus grande lignée de Gascogne et familier des Bourbons. C'est celui-ci qui proposa au père de Théophile un poste lucratif à Paris. L'enfant ne rêve que de voyages, dévorant Robinson Crusoé *et s'échinant à construire des maquettes de bateaux à voile assez réalistes pour traverser la Seine. Il sera marin, clame-t-il alors, au grand effroi de sa mère. Mais elle aura la satisfaction de voir son fils changer de vocation : il deviendra un des hommes de lettres les plus réputés de son siècle.*

Enfant, Théophile Gautier s'identifiait à « quelque petit Espagnol de Cuba, frileux et nostalgique. » Ce n'est donc pas un hasard si son premier grand départ, en mai 1840, le conduit au-delà des Pyrénées. L'Espagne sera pour lui « une patrie retrouvée » et cette expérience aboutira au premier volume d'une longue série de récits de voyage. Récits dont il réserve les aspects plus intimes à sa mère.

Grenade, 4 juillet 1840

Ma chère Maman,

J'arrive à Grenade, je cours à la poste ; pas de lettres, au second courrier, rien encore : – j'aime à croire que vous m'avez écrit, la lettre s'est perdue, c'est là votre seule excuse. Comment, vous êtes quatre, écrivant tous plus ou moins bien, et vous n'avez pas le courage de mettre la plume au poing ? Comment, en deux mois, deux lettres seulement ? Je vous ai écrit de Tours, de Bordeaux, de Burgos et de Madrid trois fois, voici que je vous envoie une autre lettre de Grenade ; m'avez-vous donc déjà oublié, canailles que vous êtes ? Il me semble que c'est bien prompt : Piot * n'a rien reçu non plus de sa mère. Si vous continuez comme ça, vous finirez sur l'échafaud ; êtes-vous malades, êtes-vous morts ? Que diable faites-vous ? Gérard **, qui est le plus paresseux des mortels, m'a écrit cinq ou six fois, et pourtant, c'est de la copie non payée. Plaisanterie à part, cela m'afflige profondément ; moi qui voyage dans la plaine et dans la sierra, au soleil, à la poussière, qui fais de grandes odes politiques de 200 vers de longueur ***, des impressions de grand chemin, qui suis forcé d'avaler un nombre infini de cathédrales, de prendre des notes, d'apprendre l'Espagnol et qui compose un volume de vers où il y en

* Gautier voyage avec son ami le collectionneur et amateur d'art Eugène Piot, qui lui avance une partie des frais.

** Gérard de Nerval, ancien camarade d'école, assure l'intérim de Théophile Gautier pour son feuilleton dramatique à *La Presse*.

*** Gautier fait allusion à une ode sur la naissance du comte de Paris, publiée dans plusieurs journaux en juillet.

a de chouettes, je trouve bien le temps de vous écrire à travers ma sueur et vous, rien. Vous paraissiez cependant m'aimer – est-ce déjà fini ? – Peut-être avez-vous oublié de mettre vos lettres à la poste ; ou bien de les affranchir jusqu'à la frontière. Je ne sais qu'imaginer, il n'y a pas de journaux français en Andalousie et j'ignore aussi complètement ce qui se passe que si j'étais en Chine ; je vous avais pourtant bien élevés et, à force de soins, j'avais fait de vous des parents présentables. Envoyez-moi des masses de copie de famille ou je vous donne ma malédiction et je vous déshérite. Quant à ma santé, elle est inaltérable et je me porte comme plusieurs ponts-neufs. Voilà deux mois passés, il n'en reste plus qu'un : nous avons vu Burgos, Vittoria, Valladolid, Olmedo, l'Escurial, Tolède, Madrid, Aranjuez, Jaén, Grenade, – il nous reste à voir Cordoue, Séville, Cadix et Valence ; cela fait, nous retournons dans notre belle patrie où l'on ne paraît plus guère se soucier de nous ; ah, ma chère Maman, je n'aurais pas cru de ta part à une si grande négligence : si tu es contente de recevoir de mes nouvelles, crois-tu que je puisse me passer des tiennes ? Et Lili, et papa et Zoé et Alphonse ? Jolie famille ! Si vous vous conduisez de la sorte, je loue l'Alhambra, je le meuble d'un matelas, d'une natte de paille et d'une paire ou deux de sultanes et je ne reviens pas. – Là ! Le gouvernement arrangera comme il voudra, la France pataugera tant pis. – J'envoie toutes sortes de copies, sont-elles arrivées ? Ont-elles paru ?

Je n'ai connaissance que des deux premières lettres. C'est aujourd'hui samedi, jusqu'à mercredi je n'aurai rien : il n'y a ici courrier que deux fois la semaine.

Malgré votre infâme conduite, je vous embrasse de tout mon cœur :

Votre fils et frère

Théophile Gautier

(17 juillet 1840)

Ma chère Maman,

J'ai enfin reçu votre lettre qui m'a tiré d'une mortelle inquiétude ; je vous ai écrit une foule de missives plaintives plus touchantes les unes que les autres ; vous les avez probablement reçues ; nous sommes toujours à Grenade, où nous vivons admirablement, nous couchons et nous mangeons à l'Alhambra dans la salle des Abencerrages, qui est une chose merveilleuse ; nous voyons la meilleure société de Grenade et les poètes de l'endroit me font des épîtres en vers français qui ne sont pas médiocrement baroques. Tout cela est charmant mais je voudrais bien être en France pour vous voir vous embrasser, vous toucher et me convaincre que nous sommes tous vivants et les mêmes qu'avant de partir : je ne parle plus français du tout et il me semble que je suis un autre (excusez le pâté). Eugène est toujours pour moi d'une adorable bonté : il m'a fait faire un habit magnifique à la mode du pays. On ne peut rien voir de plus merveilleux. C'est une veste fabuleuse avec des fleurs dans le dos des soleils et des constellations. Le pantalon n'est pas moins féerique, le tout se termine par des guêtres de cuir de Jaén piquées, brodées merveilleuses ; et un chapeau orné de pompons et de velours ; vous me verrez avec cette pelure magnifique le 3 ou 4 septembre au plus tard. [...] – Ma pauvre maman, comment as-tu fait pour passer tout ce temps ? Il me semble que je suis parti depuis un an. C'est très beau, très charmant mais je dis comme Lepeintre jeune : et si je m'en allais ? * Je vous embrasse du plus profond de mon cœur.

Votre fils et frère

Théophile Gautier

Bonjour Papa, bonjour Zoé – braves canailles. – Papa, je n'ai pas encore trouvé un Espagnol si culotté que toi.

(Grenade, 1 août 1840)

Ma chère Maman,

Vous êtes toujours bien avares de votre littérature : enfin, j'ai trouvé dans une lettre de Gérard et de Victorine quelques lignes paraphées de la griffe paternelle qui m'ont fait un grand plaisir. Mais je n'ai rien de toi, ni de

---

* Lepeintre jeune, de son vrai nom Emmanuel Augustin Lepeintre, était un acteur comique. Dans une pièce représentée au Vaudeville en 1832, *Les Cabinets particuliers*, il répétait sans cesse la phrase : « Je voudrais bien m'en aller. »

Lili, ni de Zoé ; que diable, vous n'êtes pas si occupés que vous ne puissiez m'écrire une fois par semaine. Écrivez à la ville indiquée jusqu'à ce que je vous donne une autre adresse. Je serais parti cela ne ferait rien je donne au maître de poste le nom de la ville où je vais et votre lettre me suit ; – je suis aussi avide d'avoir de vos nouvelles que vous pouvez l'être d'en recevoir de mon côté [...]

Outre les huit articles et l'ode qui a deux cents vers, j'ai sept ou huit cents vers en petites pièces et, quand je sortirai d'Espagne, il y en aura bien douze cents. J'écrirai encore cinq ou six articles en sorte que je rapporterai deux volumes presque faits l'un de prose l'autre de vers ; et avec deux ou trois mois de lecture à Paris je saurai parfaitement l'espagnol ; que je parle toute la journée puisque personne ne sait le français ; – l'espagnol n'est pas aussi facile qu'il en a l'air : ce diable de jargon est entremêlé d'une forte portion d'arabe extrêmement difficile à s'extirper du gosier ; ce sera pour moi une source abondante et facile d'articles, attendu que personne ne sait l'espagnol à Paris : du moins dans la littérature ; je n'ai pas trouvé le drôle dites-le à Eugène ; cependant j'ai vu des choses assez cocasses : dans un quartier de Grenade qui s'appelle l'Albaycin et qui n'est peuplé que de *gitanos* et de *gitanas* qui habitent des trous creusés dans le roc et blanchis à la chaux, j'ai vu des petites filles de huit ans, nues comme la main, qui prenaient leur leçon de danse sur un pavé pointu et levaient leurs jambes par-dessus la tête : faveur inouïe, nous avons habité, mangé et couché 4 jours et 4 nuits à l'Alhambra même ; une nuit dans la salle des deux sœurs, l'autre dans la salle des Abencerrages, et le reste au bain de la sultane, ceci est assez fantastique ; du reste, nous sommes adorés dans Grenade et l'on ne veut pas nous laisser partir ; nous reviendrons par mer car ce serait une folie d'essayer de retraverser l'Espagne à l'heure qu'il est ; quel beau jour, quand je remettrai la patte sur l'asphalte et que je vous embrasserai en réalité ; tout cela me semble un rêve dont je m'éveillerai à la barrière de Passy – sais-tu, ma pauvre maman que je suis à douze lieues seulement de l'Afrique, qu'on peut la voir en regardant avec une lunette du haut d'une montagne qui est à côté de la ville ; telle est ma position, j'ose dire qu'elle est assez bizarre ; nous sommes habillés à la mode du pays avec des habits tellement magnifiques que, dans une soirée où il y avait plus de quarante personnes, les chanteuses ont été outrageusement oubliées au piano et les grenadines nous ont fait des compliments à nous faire rougir jusqu'au blanc des yeux ; enfin, vous verrez tout cela ; mais, pour Dieu, écrivez moi – à Séville, maintenant, et ensuite à Cadix. Écrivez-moi beaucoup à Cadix parce qu'à partir de là, il nous est impossible de régler notre route avec certitude : mon fidèle et loyal compagnon m'a chargé de vous dire bien des choses, et se flatte de me rapporter parfaitement conservé ; je me porte du reste admirablement bien et je rentrerai triomphalement dans la capitale, un peu bruni, mais très passable encore ; je vous embrasse de tout mon cœur et vous recommande de ne pas vous ennuyer.

Votre fils et frère

Théophile Gautier

Malaga, 15 août 1840

Ma chère Maman,

Nous voilà à Malaga, dans un pays plein de légumes singuliers tels que palmiers, aloès, cactus et autres productions plus ou moins africaines – il y fait une chaleur de quatre cent mille enfers réunis, les nègres y réussissent très bien et les habitants ne sont guère plus blancs. – Le Malaga se boit ici comme du petit vin et le soir, à souper, nous en buvons à pleins verres pour ne pas sentir les moustiques. La punaise n'a paru que rarement, la puce une seule fois, près de Tolède, où elle s'est produite sous la forme d'un nuage noir qui a couvert nos pantalons d'un milliard de piqûres, le pou ne s'est pas encore déclaré. – Je crois qu'on ne ferait pas mal d'en importer quelques-uns.

Nous allons partir pour Cordoue aussitôt que les courses pour l'inauguration du cirque de Malaga seront terminées, ce qui aura lieu demain et, de là, nous irons à Séville, où j'espère trouver des masses de rédaction de tout le monde et en particulier de vous qui en êtes diablement chiches : – il faut m'écrire sitôt la présente reçue à Valence ; de Valence, nous allons à Barcelone et de là, à Port-Vendre, et de Port-Vendre à Paris, raide comme Ballo, sans nous amuser à regarder derrière nous si notre chien nous suit ; ceci aura lieu vers le dix ou douze septembre, jour de Jubilation ! – J'ai fait, durant tout ce voyage, mon devoir avec une grande exactitude et je vous ai accablée de rédaction non payée. Je puis me vanter d'être un fils chouette, *hijo guapo*, comme on dirait en ce chien de pays où ils prétendent parler castillan et jargonnent de l'arabe ; quant à ce qui est de ma santé, elle est plus que parfaite je me porte d'une manière triomphale : les feuilletonistes sont durs à cuire et quand on a fait ce métier là trois ans, on est plombé, l'on peut passer partout. Je vous embrasse tous du plus profond de mon cœur. Mille amitiés de ma part à Eugène * si vous le voyez – communiquez la présente à tous ceux qui s'inquiètent encore de moi après une si longue absence et désirent savoir si je suis mort ou en vie.

Votre fils et frère

Théophile Gautier

Le temps passe et Gautier accumule les succès, mais aussi les dettes. Apprenant que ses créanciers lui réclament plus d'une année de revenus, sa mère s'en inquiète et il fait tout ce qu'il peut pour la rassurer. Quand éclate la révolution de 1848, le 22 février, les rues du centre de Paris se hérissent de barricades, et c'est au tour du fils de s'inquiéter pour sa mère, par ailleurs très souffrante. Ceci est la dernière lettre qu'il lui adressera.

* Eugène de Nully, avec Gérard de Nerval, l'autre grand ami de Gautier.

(Fin février 1848)

Ma chère Maman

N'aie aucune inquiétude. Les billets à rembourser s'élèvent seulement à 750 francs en trois fois, c'est-à-dire deux cent cinquante chaque billet. Je les renouvellerai et j'aurai toutes les facilités possibles pour les payer : il est heureux que je connaisse la personne qui les a en main, sans quoi j'aurais pu être fort embarrassé. – C'est un petit malheur. Ma nouvelle position de directeur du feuilleton balance, et au-delà, ce désagrément : je serai à mon aise deux ou trois mois plus tard, voilà tout. Je rendrai au père les soixante-dix livres qu'il m'a avancées ; je suis une meilleure paye qu'il n'a l'air de le croire. Quant à toi, tiens-toi en joie, mange, dors, bois et ne te romps pas la cervelle à cause de moi, je saurai bien me tirer d'affaire. Je suis au mieux avec mes patrons et patronnes et je trouverai de ce côté toutes les facilités désirables. – La révolution est complètement finie – l'ordre règne partout. Tu peux venir sans craindre qu'on te mette en travers d'une rue pour faire une barricade. Bien des choses à Lili et au nègre paternel.

Théophile Gautier

Le 26 mars, Adèle Gautier succombe à la maladie qui la rongeait depuis plusieurs années. Théophile, dont la situation financière n'a fait qu'empirer à la suite de cette brutale crise politique, est contraint de rédiger son feuilleton du lundi (une critique théâtrale) afin de toucher de quoi couvrir les frais d'enterrement. Son chagrin s'exprimera dans un poème intitulé « Le glas intérieur » :

Comme autrefois pâle et serein
Je vis, du moins on peut le croire,
Car sous ma redingote noire
J'ai boutonné mon noir chagrin.
Sans qu'un mot de mes lèvres sorte,
Ma peine en moi pleure tout bas ;
Et toujours sonne comme un glas
Cette phrase : Ta mère est morte !

Au bois de Boulogne on me voit,
Comme un dandy que rien n'occupe,
Suivre à cheval un pli de jupe
Sous l'ombre du sentier étroit.
Même quand le galop m'emporte,
Ma peine vole sur mes pas,
Et toujours sonne comme un glas
Cette phrase : Ta mère est morte !

À l'Opéra, comme autrefois,
Je tiens au bout de ma lorgnette
La Carlotta qui pirouette
Ou Duprez qui poursuit sa voix.
À la musique douce et forte
Ma peine mêle son hélas !
Et toujours sonne comme un glas
Cette phrase : Ta mère est morte !

Bibliographie

Honoré de Balzac, *Correspondance*, Tome II, *1832-1835*, © Éditions Garnier Frères, 1962.

Charles Baudelaire, *Correspondance*, Tome I et II, La Pléiade, NRF, 1973.

Georges Bizet, *Lettres*, Calmann-Lévy, 1989.

Karen Blixen, *Lettres d'Afrique*, © Éditions Gallimard, Folio, 1993. Traduction de Philippe Bouquet.

Camille Claudel, *Correspondances*, Collection « Art et Artistes », © Éditions Gallimard, 2003.

Jean Cocteau, *Lettres à sa mère, 1898-1918*, © Éditions Gallimard, 1989.

Françoise Dolto, *Correspondances, 1913-1938*, © Éditions Gallimard 1991.

Gustave Flaubert, *Correspondance*, La Pléiade, Tome I, NRF, 1973, Tome II, NRF, 1980.

Théophile Gautier, *Correspondance générale*, Éditions Claudine Lacoste-Veysseyre, Éditions Droz, 1985-2000.

André Gide, *Correspondance avec sa mère, 1880-1895*, NRF, © Éditions Gallimard, 1988.

T. E. Lawrence, *Dépêches secrètes d'Arabie, Lettres de T. E. Lawrence*, Bouquins, Robert Laffont, 1992.

Paul Léautaud, *Lettres à ma mère*, © Mercure de France, 1987.

Marie-Antoinette, *Correspondance entre Marie-Thérèse et Marie-Antoinette*, Grasset, 1933 ; *Correspondance (1770-1793)*, Tallandier, 2005.

Guy de Maupassant, *Correspondance*, Volumes I, II, et III, Genève, Édito-service, cop. 1973.

Gustave Moreau, *Correspondance d'Italie*, Somogy Éditions d'Art, 2002.

Marcel Proust, *Correspondance avec sa mère*, Plon, 1953.

Antoine de Saint-Exupéry, *Lettres à sa mère*, © Éditions Gallimard, Folio 2003.

Madame de Staël, *Choix de lettres (1778-1817)*, Éditions Klincksieck, 1970.

Henri de Toulouse-Lautrec, *Correspondance*, Gallimard 1992.

Vincent Van Gogh, *Lettres à sa mère*, Éditions Falaize, 1952.

Olivier Dumas, *Jules Verne*, Éditions La manufacture, 1988.

Composition et mise en pages : FACOMPO, Lisieux
Achevé d'imprimer : mars 2007
Dépôt légal : avril 2007
Gravure : Digi France
Imprimé en France par Corlet, Imprimeur, S.A.
14110 Condé-sur-Noireau
N° d'Imprimeur : 99310